頑張りすぎない練習

無理せず、ほどよく、上手に休む——

玉置妙

マガジンハウス

はじめに
——あなたは今、頑張りすぎていませんか？

こんなに頑張《がんば》っているのに、なぜうまくいかないのだろう……。

このような悩みをかかえて身も心も疲れてしまっている人が今、とても増えています。

悩みの中身は、いちばんに「人づき合い」、そして「仕事」、健康のことまでを含めた「人生」です。近ごろは、親御さんなどの「介護」を一生懸命《けんめい》にされている方も多いと思います。

人生がうまくいかなくなったとき、私たちは「どこか自分に悪いところがあるのかも」と思いがちです。

でも、本当に、そうでしょうか？

・家族や親せき、友人と些細《ささい》なことでぎくしゃくしてしまうのは、自分が悪いのでしょうか

・人一倍の仕事をこなしているのに評価されないのは、自分が悪いのでしょうか

・親の介護をイヤだと感じてしまうのは、自分が悪いのでしょうか

いえいえ、**あなたはちっとも悪くありません。**

頑張りすぎてしまっていて、少し余裕がなくなっているだけです――。

この本は、頑張りすぎないための考え方と実践法をまとめたレッスン書です。

これが身につけば、「人づき合い」も「仕事」も「介護」も、そして「人生」も、今よりずっとラクに、楽しくなるはずです。

肝心《かんじん》なことがひとつあります。

それは、頑張りすぎない練習は「ひとりでしかできない」ということ。誰《だれ》の力も借りることはできません。

でも、考えてみてください。**「誰の力も借りられない」ということは、「自分だけで、まるごと解決できる」**ということです。

実は、これほどかんたんなことはないのです。

＊

私は看護師で僧侶《そうりょ》で二児の母です。「大慈学苑《だいじがくえん》」という、心を整えるスピリチュアルケアを広めるための非営利団体の代表もつとめています。

数年前に、カメラマンだった夫をがんで亡くしました。積極的に治療しないという夫の方針に、私は最初は戸惑《とまど》いながらも賛同し、自宅での介護生活をスタートさせ、自然死で看取《みと》りました。

自然に枯《か》れていった夫の死には美しいものがありました。出家《しゅっけ》して僧侶になったのは、深くそう感じたのがきっかけです。

振り返ってみると、私の中には、頑張りすぎずに生きていこう——という意識がいつもあったような気がします。

夫の死をきっかけに進んだ仏《ほとけ》の道は、「頑張りすぎずに生きなさい」というお釈迦《しゃか》さまの教えに満ちていました。具体的な方法もそこにはありました。

この本で紹介している実践法のいくつかは、僧侶としての経験がもとになっています。

本書が、これからあなたが心ゆたかに、おだやかに生きていく一助になれば幸《こう》甚《じん》です。

玉置《たまおき》 妙憂《みょうゆう》

頑張りすぎない練習

もくじ

序章　「頑張る」はいいけれど、「頑張りすぎ」はダメ

第1章

「人づき合い」を頑張りすぎない

第2章

「仕事」を頑張りすぎない

第3章

「家族の介護」を頑張りすぎない

終章

「人生」を頑張りすぎない

序章

「頑張る」はいいけれど、「頑張りすぎ」はダメ

「頑張りすぎ」は

「何もしない」と同じこと

——過《す》ぎたるは及《およ》ばざるが如《ごと》し

とにかく頑張ればなんとかなる、頑張ることこそが大切。私たちは、なんとなくそう思っています。頑張ることが目的になってしまって、頑張るためだけに生きてしまっている……。

人づき合いや仕事、家族の介護などで「疲れたな、つらいな」と感じてしまうのは、何のために頑張っているのか――がわからなくなっているからかもしれません。

そのつらい状況が続くと、いつかはすべてを投げ出してしまうことになりかねません。頑張っても、頑張っても好転せず、ヘトヘトに疲れたところで人生がとまってしまいます。

世の中はいつもかならず動いています。水も空気もまわりの命も、私たちの体も考えも、動きつづけて流れています。

もちろん、時には流れがよどんで、とまってしまうこともあります。けれど、かならず自然に動きだして流れていくものです。**「頑張りすぎ」は、〝流れ〟をむりやり止めてしまう**こと。

これしかないんだ――そう思いこんで、自然な流れをせきとめてしまうということなのです。

ところで、「頑張りすぎ」の反対は、「まったく頑張らない」（＝何もしない）ですね。でも、この**「何もしない」も、自然な流れに逆《さか》らって〝流れ〟を止めてしまう**ということ。

つまり、「頑張りすぎ」は「何もしない」と同じことなのです。

ことわざで言えば、「過《す》ぎたるは及《およ》ばざるが如《ごと》し」でしょうか。「ゆきすぎることは、不足しているのと同じようによくない」という意味です。

両極端はダメという考えを、仏教では「中道《ちゅうどう》」と言います。

ラクな気持ちで、心おだやかに生きる——ということは、「中道にいる」「どちらの端《はし》でもない真ん中にいる」ということなのです。

＊

さて、あなたは今、頑張りすぎていませんか？

頑張りすぎているかどうか、すぐにわかる方法があります。

口の中を意識してください。奥歯を嚙《か》みしめていませんか？

頑張りすぎているとき、私たちは無意識のうちに奥歯を嚙みしめています。文字どおり、「歯を食いしばって」頑張っています。

耐《た》えて耐えて踏《ふ》ん張ろうとして、歯を食いしばります。流れを無理やり止めようとしているのです。

奥歯をゆるめて、口の中をぽかっと開けましょう。

家事をしているとき、仕事をしているとき、また寝ているときでも、「力が入りすぎているな」と思ったら、ぜひお試しください。

まわりからの「評価」を期待しない

――「承認《しょうにん》欲求《よっきゅう》」について

ツイッターやフェイスブックなど、いわゆるSNS（ソーシャル・ネットワーキング・サービス）を使っている方が増えてきました。私も使っています。

SNSを見ていると、「本当にみんな自分のことが好きなんだなぁ」と思います。投稿をして、「いいね！」をたくさんもらうのは確かに楽しいことのように見えます。

でも、これって本当に「自分が好き」ということなのでしょうか？

誰かから「いいね！」をもらわないと、自分を好きになれない……。そういうところがあるような気がします。

まわりからの「評価」ばかりを期待する——。このような状態が続くと、何が起こるでしょうか。

他人さまからホメられ続けるのは、とてもたいへんなことです。そこで「頑張りすぎ」が起こります。

アブラハム・マズローというアメリカの心理学者が、人間の基本的な欲求を、次の5段階に分けて研究したことがあります。

- 第1段階「生理的欲求」……生きていくために必要な、基本的・本能的な欲求
- 第2段階「安全欲求」……安心・安全な暮らしへの欲求
- 第3段階「社会的欲求」……友人や家庭、会社から受け入れられたいという欲求
- 第4段階「承認欲求」……他者から尊敬されたい、認められたいと願う欲求
- 第5段階「自己実現欲求」…自分の世界観・人生観に基づいて、「あるべき自分」になりたいと願う欲求

マズローの「欲求」5段階説

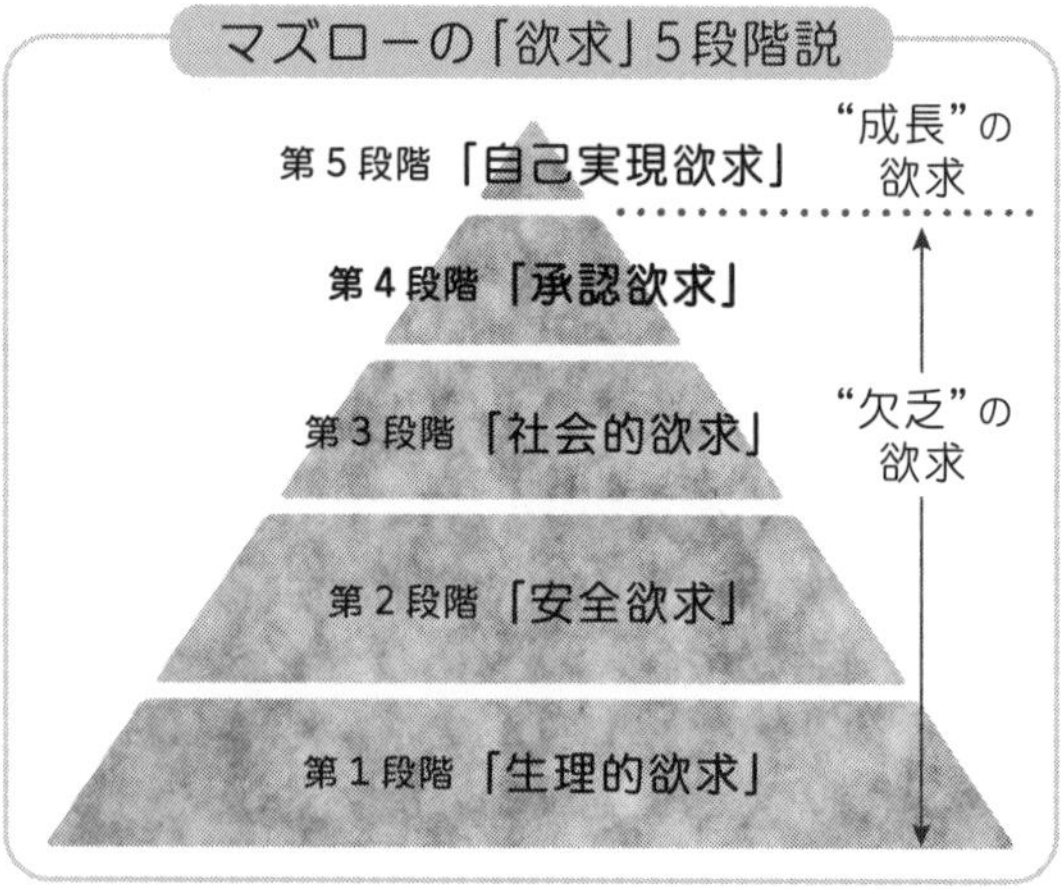

マズローは、人間にはこの5段階の「欲求」があり、1つ下の欲求が満たされると次の欲求を満たそうとする基本的な心理的行動があるとしています。

そして、第1段階「生理的欲求」～第4段階「承認欲求」までは、「欠乏《けつぼう》」を埋めるための欲求で、人間がどうしても求めてしまうものだというのです。

確かに、「認めてほしい」という承認欲求は、私たちが生きていくうえで、なくてはならないものかもしれません。

でも、最近のSNSを見ていると、度《ど》

を超しているように思えるのです。

投稿の内容がどんどんエスカレートしていく。見ているほうも、事件やトラブルなど、刺激の強いものを求めます。

「いいね！」がほしくて、面白いネタを探し回る毎日を過ごす……。

これほどつらいことがあるでしょうか。まさに、「頑張りすぎ」の状態です。

＊

また、私たちは「つらいわよね。大丈夫？」と心配されることで、承認欲求を満たそうとすることもあります。

ですが、**「相手にしてほしい。外からの反応がほしい」……。そういう欲求が大きくなりすぎると、身体に異変が起こることさえあるので注意が必要です。**

摂食障害《せっしょくしょうがい》は、そのひとつの例だとされています。

もちろん原因は他にもいろいろありますが、親子の関係がうまくいっていない場合が多いようです。子どもが、親から「愛されていない」と感じてしまっているケースです。

摂食障害の子どもをお寺で修行させると、症状がやわらぐことがあります。お寺での生活は親の目から離れた異世界《いせかい》。すると、完治するのは簡単ではありませんが、少しずつ食べはじめる場合があるのです。

母親や父親が困っているところが見たい。とにかく親にかまってもらいたい——。

それだけが心の渇《かわ》きを満たすものとなってしまっていて、そこに向かって頑張りすぎてしまっているのが摂食障害だと言うこともできるでしょう。

そして、これはなんだか、SNSで「いいね！」をほしがる人たちに似ていま
す。

「期待しすぎ」は、「頑張りすぎ」につながります。

だから、他人さまからの「評価」をあまり頼りにしないでくださいね。

まず、このことに気づいていただけたらと思います。

「そこそこ」で、折り合いをつける

——求めすぎると「幸せ」は遠のく

何をしてもしなくても、トラブルというものは必ず起こります。人間関係は特にそう。家族はもちろん、親せきや近所づき合い、職場の上司や部下……、悩みのタネはつきませんね。

ひと昔前なら、お互い「そういうこともあるよね」と言って、何事もなかったことにできていたような気がします。**ぐっとこらえて自分の中で折り合いをつけ、流して消してしまう。**「度量《どりょう》がある」とはそういうことでした。

私たちの親世代には、教えられることがたくさんあります。たとえば、「結婚」です。

親世代はめったに離婚しません。お話を聞いてみると、「なぜ、離婚しなかったのだろう……」と思うような、大変な経験をされている方が多いのですが、夫婦お互いに「いたしかたないね」と折り合いをつけ、上手に乗り切ってこられたのです。

今は昔に比べると、離婚率が増えているようです。

私も30代で離婚の経験があります。私が看護師になろうと思ったのは、長男が重度のアレルギーで、息子専属の看護師になろうと決心したことがきっかけです。最初の夫と考え方が違うなと思い始めたのは、その長男を出産したあとのことでした（看取ったのは、それから数年して出会い、再婚した夫です）。

夫婦といっても、もともとは他人同士。ずっと一緒に仲よくできるほうが奇跡です。

でも、やはり「ぐっと飲み込むことができなかったのかな」と思うこともあります。

また、教育の影響もあるでしょう。

私たちは、「良いこと」と「悪いこと」を判断するよう教育されてきました。

それは、けっしてまちがいではないのですが、「そこそこ」で折り合いをつけて流すということを忘れてしまったのかもしれません。

＊

私が幼少のころは、お正月や誕生日など、年に何回かのイベントがとても晴れやかに思えた時代でした。ケーキなど、めったに食べられるものではありませんでした。

大学生のとき、私はアルバイトをして初めてもらったお給料でケーキを買いました。「誕生日でもないのにケーキなんか買ってしまっていいのかな」と考えたことをとてもよく覚えています。

今はケーキなどあたりまえです。スーパーでもコンビニでも売っていて、特別でもなんでもありません。

ケーキと並んで、子どものころの一大イベントだったお寿司も、くるくる回って、いつでも安く食べられるようになりました。

ひと昔前は、心を満たしてくれるものがわかりやすかったのだと思います。ところが今は、満足させてくれるものがどんどん少なくなって、もっと違うものを、もっと特別なものを、とあせっているようです。

「自分へのご褒美《ほうび》」も、そこそこで折り合いをつけることができれば、頑張りすぎることもないのですけれど。

無理に着飾らず、
自然体がかっこいい

——菩《ぼ》薩《さつ》さんと如《にょ》来《らい》さん

そもそも「頑張る」という言葉は、昔から「世の中のために」とか「家族のために」というふうに使われてきました。

頑張るのは、「自分以外のため」でした。でも今は、「自分のため」というのが多くなってきているようです。

もちろん、自分のために頑張るのもいいのですが、実際はどうでしょう。

他人さまから見た自分をつくりあげるために頑張る。それが、自分のために頑張るということだと信じている人が多いように思います。

ブランドもので身を固めている人、学歴や肩書きに執着する人も同じです。

そういうものを一つひとつはずしていくと、ずいぶんラクになれるのですが……。

仏教の世界に、「菩薩《ぼさつ》」と呼ばれる方がいます。菩薩さんは、まだ悟《さと》りに至っていない修行中の方です。

菩薩さんの像や絵を見たことがあると思いますが、とてもきらびやかですよね。首飾りやブレスレットなど、いろいろなアクセサリーを身につけているのが菩薩さんです。

かたや、「如来《にょらい》」と呼ばれる方がいます。如来さんは菩薩さんからずっと進んで、悟りをひらいた方です。

像や絵を見てみると、如来さんは、布をまとう以外、何も身につけていません。

菩薩さんは、修行中なので、自分を飾らずにはいられません。

如来さんは、悟られているので、布しか身につけておらず、自分そのものから光をあふれ出さんばかりです。

修行が進んで精神的に上がれば上がるほど、身を飾るものはいらなくなる。自分と外を切り分けるものはいらなくなる。

そういうことを、仏教は教えてくれています。

*

アメリカにスティーブ・ジョブスという人がいました。iPhone《アイフォン》などで有名なIT企業「アップル」をつくった実業家ですね。

ジョブスは、同じ濃紺《のうこん》のタートルネック、同じデニムパンツ、同じスニーカーを何枚も何足も持っていて、それ以外は身につけなかったそうです。

着飾らず、着るものに悩まないようつとめたという点を考えると、ジョブスは禅や仏教に興味があったのでしょう。

または、ひとつの分野を極《きわ》める人というのは、自然な心の動きでそうなっていくものなのかもしれませんね。

生まれてきたことに感謝する

——生きる意味と人生の目的

私たちはいったい何のために生まれてくるのでしょうか？　結論から先に言いましょう。人は「感謝するため」に生まれてくるのです。

私は、師僧《しそう》（仏の道の先生）にとても大切なことを教わりました。

「人は生まれたとき、すべての恩をすでに受けているのだよ」と。

頂《いただ》くものはすべて頂いて生まれてきたのが私たち、ということなんですね。

それでは、すべて頂いてしまっている私たちは、生まれたあと、いったい何をしたらいいのでしょうか？

その答えは「返済《へんさい》」です。

頂いたということに対して、「感謝」という返済をし続ける――。これが、生きていくということなのです。

でも、「毎日、感謝して暮らす」というのは、なかなかできることではありませんね。

だから、こうしましょう。

うまくいっているときには、あまり考える必要はありません。いけいけドンドンで、趣味も仕事も恋愛も、なんだって夢中でやっていい。

ただし、思い出す用意だけはしておきます。

そして、何事もうまくいかない、つらい、かなしい……。そういうときこそ、この考え方の出番です。

「感謝する」という行為は、何があっても、どんな境遇であっても、「できない」ということはありません。

たとえ重い病気にかかっても、からだを拭《ふ》いてくれる人に「ありがとう」と感謝の気持ちを伝えることはできます。

〝感謝〟こそ、絶対になくなることも、できなくなることもない、**私たちの仕事**なのです。

＊

私は、孤独がつらいという相談を受けることがよくあります。

そういう方たちは「ひとりぼっちで生きている……」と嘆《なげ》くのですが、はたしてそうでしょうか。

家の水道の蛇口《じゃぐち》をひねれば、きれいな水が流れてきます。あたりまえのようですが、水道には、たくさんの人がかかわっています。たくさんの人の力を借りて、はじめて私たちは水が飲めるのです。

「誰も相手にしてくれない……」という人もいますが、ふだん利用している電車やバスは誰が運転しているのでしょうか。

事故のないよう、線路や道路をメンテナンスしてくれている方々もいます。

私たちはけっして一人で生きているわけではありません。


健康についても同じです。

病気をすれば、健康の大切さに気づきます。でも、しばらくして元気になると、また元どおりの生活にもどり、フル回転で働きはじめます。

私たちの人生は、ほんとうに、そんなことの繰り返しですね。


まず、生まれてきたことに感謝して、感謝の「返済」をしていく――。

それが、頑張りすぎずに、心おだやかに日々を過ごす秘訣《ひけつ》だと私は思っています。

第1章

「人づき合い」を頑張りすぎない

人はそれぞれ見ている「景色」がちがう

——この世は「仮《か》想《そう》現《げん》実《じつ》」!?

人と接することが、こんなにもストレスに感じるようになってしまったのはいつからでしょう。

子どものころは、家族や友だちともっと楽しく接することができたはず。なのに、大人になるにつれ、だんだんと人とのつき合い方がうまくいかなくなってきてはいませんか？

職場の人たちとうまくコミュニケーションができず、距離を置いてしまう。
ちいさなコミュニティでの、濃密な人間関係に疲弊《ひへい》している……。
このような状況のなかで、日々を過ごしていくのはつらいことですね。

人間関係でストレスを感じてしまうのは、相手のことが理解できないから。そして、相手に自分のことを理解してもらえないから、ではないでしょうか。
でも、これって相当むずかしい問題です。なぜなら、**私たちは、一人ひとりち**

がうからです。

テーブルの上にパンがひとつ、置いてあるとします。テーブルのまわりには自分と、他に何人かいるとしましょう。

おいしそうだとか固そうだとか、私たちは「自分が見ているのとまったく同じように、他の人にもそのパンが見えている」と思っています。

でも、本当にそうでしょうか？

私たちは、自分の目以外では、この世界を見たことはないはずです。

つまり、私たちが見ているのは、自分だけしか見ていない、自分だけの世界です。流行《はや》りの言葉で言えば、「仮想現実」でしょうか——。

そう、人はそれぞれ違う「景色」を見ているのです。

＊

私たちには〝五感〟というものがあります。「視覚」「聴覚」「触覚」「味覚」「嗅覚」で五感です。

私たちは五感をフルに使って、温度や色や匂《にお》いなどを感じ、認識します。その自分だけが感じたものを言葉で相手に伝えます。そうやって、それぞれに違う世界をすり合わせているのです。

しかし、ほとんどの場合、すり合わせをしている意識はありません。暑い日にはお互いに「暑い」と思い、信号を見れば「赤、青、黄」と同じ色に見える。だから、「同じ景色を見ている」とお互いに錯覚《さっかく》してしまうのです。

もう少し、掘り下げてお話ししますね。

たとえば、いわゆる認知症の方と暮らしてみるとどうでしょう。人はそれぞれ違う景色を見ている、ということがよくわかってきます。

ときに、認知症の方は、急に立ち上がって大騒ぎしてしまうことがあります。突然、衣服を脱ぎ始めてしまうかもしれません。私たちは「なぜ？」と思い、驚いたりしますが、その方には、世界がそう見えている、というだけのこと。

でも、私たちは、自分が認識している世界が正しいと思っていますから、「どうしてこんなところで、そんなことをするの⁉　ダメじゃない！」と怒ったりしてしまいます。

これは、自分の世界の押しつけにすぎません。相手の世界を認めないかぎり、どんなに叱《しか》っても無駄です。

極端な例かと思われるかもしれませんが、これと同じようなことが私たちの日々の暮らしのなかでも起こっているのです。

家庭や職場などで、「それはちがう！」と相手を否定したくなることってよくありますよね。

でもそれは、「お互いの世界がちがう」ということを忘れてしまっているからです。そもそもちがうわけですから、意見がちがうのはあたりまえ。

反対に、あなたを頭ごなしに否定してくる人がいるとすれば、その人は「何もわかっていない人」。ただ単に、自分の世界を押しつけてきているだけです。あなたが悪いわけではありませんから、何を言われても気にしないでください。

まずは、あなた自身が「人はそれぞれ見ている景色がちがう」ということをしっかり腹に落としておきましょう。

「わかってもらえない」「合わない」「相性が悪い」というのは、当然のことなのです。それをなんとかしようとするのは無理な話。

無理をなんとかしようとして、私たちは頑張りすぎてしまうのです。

上手な人づき合いのコツは「適度な距離感」

——お互いの世界を認め合う

お釈迦さまは、人間関係についてどう考えていたでしょうか。「人間は孤独である」と考えるのが仏教です。根本的に、私たちはまったくのひとりです。ひとりで生まれてひとりで死んでいくのが私たち人間というもの。

「出会った人との縁《えん》を大切にしなさい」とお坊さんはよく言いますね。それは、人間は孤独だという考えがまずあり、だからこそ「たとえ、一期一会《いちごいちえ》の出会いであっても、ありがたいことだと思いなさい」ということなのです。

そして、仏教には「諸行無常《しょぎょうむじょう》」という教えがあります。世の中は常に動いて流れて変わっていきます。

私たちは、誰かと出会い、その人がとてもいい人であれば、「この人と一生一緒にいたい」と思います。でも、その人との関係は、いずれ変わって、流れて、いつかはお別れしなければなりません。

人間は孤独で、世の中は移り変わっていくということを、本当は私たちも知っている。でも、ふだんはそのことに考えが及ばないでいるのもまた私たち……。

私たちは、「完璧《かんぺき》にわかりあえて、永遠に一緒にいられる人がきっといる」と心のどこかで思っています。一方でまた、「一生、心を許しあえる友だち、心からわかりあえる恋人というのは幻想にすぎない」ということにも、実は私たちは気づいていています。

この幻想とどうつき合うか——が、人づき合いを頑張りすぎないポイントだと思います。


また、仏教には「怨憎会苦《おんぞうえく》」という言葉があります。嫌な人に会わなければいけない苦しみ、という意味です。

生・老・病・死を四苦、それに愛別離苦《あいべつりく》（愛するものと別れること）、求不得苦《ぐふとくく》（欲しいものが手に入らないこと）、五蘊盛苦《ごうんじょうく》（身体と心が思うようにならないこと）と、この怨憎会苦の4つを加えて「四苦八苦」。人と会うことも苦しみのひとつなのです。

縁というものがあれば、誰かと出会います。縁がなければ出会いません。嫌な人、好きな人というのは関係ありません。

友だちが少ない、友だちができない……。それはあなたの責任ではありません。縁があるかないか、だけなのですから。

＊

先ほどお話ししたように、今あなたが見ている世界は、あなたがつくりあげた世界です。他人さまの世界とはちがいます。

人間関係を良好に保つためには、「お互いの世界を認めてあげる」ということ

が大切です。

では、「認めてあげる」ためにはどうしたらいいでしょうか。

それは、**「ほどよく無関心でいる」という心持ちで相手と接する**ことです。

たとえ、相手が自分とはちがう考えや行動をしたとしても、「ああ、そういう考え方もあるのね」という感じであまり干渉しない。

ああだの、こうだの、ごちゃごちゃ言うのは、自分の世界の押しつけで、相手を認めていない証拠《しょうこ》です。

家族や恋人、親友など、近しい間がらになればなるほど、自分と同じ考えや行動をしてもらいたいと思います。お気持ちは十分わかりますが、でも、そこはあまり頑張りすぎないでくださいね。

上手な人づき合いのコツは、「適度な距離感」なのです。

相談されたら、まず「聞く」に徹する

——アドバイスをしないテクニック

私は仕事がら、たくさんの方々から相談を受けます。そのとき、私がいちばん気をつけているのは、「相手の邪魔《じゃま》をしない」ということです。

相談されると、つい〝解決策〟を考えてあげたくなりますよね。「こうしたらいい」とか「ああしたらいい」とか。

でも、私はそれをしません。ひたすら聞くだけです。

なぜなら、〝答え〟を持っているのはその人だけだからです。

答えがあるとすれば、その人の中にしかありません。

答えは、自らが自分の中から探して見つけていくものなのです。

もちろん、「探す」という作業はたいへんです。だから多くの人は、誰かに相談したくなります。

相談という名の「グチ」ばかりのときもあります。でも、グチを言いながら、実はその人は、自分の中にある答えを探しているのです。

話の流れで、「あなたはどう思う?」と聞かれるときもあります。

その場合は、「そうねぇ～」と一度受け流して、「あなたはどう思っているの?」と返します。

どうしても自分の意見を話すシチュエーションになったら、「私だったらの話だけれど～」とあくまでもこちら側の意見で、それが答えではないという念押しをする。

相手が本当に必要としているのは、アドバイスではありません。考えるための材料なのです。

お釈迦さまが悟りをひらかれたとき、それを誰かに伝えようとは思いませんでした。なぜなら、お釈迦さまの体験は、お釈迦さまだけの体験だからです。

でも、まわりの人々が放っておきませんでした。どうしてもと頼まれて、お釈迦さまはいたしかたなく仏の道を説《と》きはじめた、というのが仏教のはじまりです。

宗教というと、教祖さまがいて、経典《きょうてん》があって、「神を信じなさい」というイメージがあるかと思います。しかしお釈迦さまは、それとはずいぶん違います。「私はこういうやりかたをして悟った。あなた方も試してごらんなさい」と、お釈迦さまはお話しされました。「信じなさい」ではなく、「自分自身でハッと気づく以外にない」と説かれたのです。

*

とはいえ、ひたすら聞くだけの姿勢をとるのは、なかなか難しいことかもしれません。「善意」が邪魔をします。悩みを抱えている人から相談されたら、何とかしてあげたくなるのが人情というものです。

ですから、**相談を受けたときは「聞くに徹する時間」をあらかじめ決めてください。**

15分でも、30分でも、1時間でもかまいません。その決めた時間は、あなたからはアドバイスをせず、ひたすら相手の話を聞きます。

こちらの意見を言いたくなるかと思いますが、そこはぐっとがまん。「うん、うん」「そうね」など、適度にあいづちをうちながら、相手の考えが整うようにうながします。

そして、相手が自分の中で整理がつき、答えが見つかったと思ったら、アドバイスをしてもOKです。

ただし、その場合でも、少し休憩《きゅうけい》をはさむか、日を改めるなどして、お互いにリセットした状態で意見交換するのがいいでしょう。

「話す」は、「放す」――。

人は話すことで、もやもやしていたものが放たれていき、整理がついていきます。整理がつくと、自《おの》ずと答えにたどり着きます。

その途中でこちらがアドバイスをしてしまうと、相手は整理ができず、答えが見えなくなるのです。その人は、また、同じように失敗したり悩んだりしてしまいます。


自分が相談するときには、この逆です。

相談役には、黙ってこちらの話を聞いてくれる人を選びましょう。

バシッとした答えが返ってくる人のほうが、相談のしがいがあるような気がしますが、ちがうのです。

「ふん、ふん」と話を聞いてくれる人、あなたのまわりにいませんか？

一見、頼りなさそうに見えますが、実は、その人こそ最高の相談相手かもしれませんよ。

一度「約束」をしたら、ドタキャンはNG！

――お誘いを穏便《おんびん》に断る方法

あまり気が進まない会食や飲み会に誘われることもあると思います。そのようなお誘いを受けたとき、私たちはつい軽い気持ちで「参加します」と安請《う》け合いをする。

そして、ギリギリになって「やっぱり都合が……」などと土壇場《どたんば》でキャンセルしてしまいがちです。

でも、これはダメ。〝ドタキャン〟だけはやってはいけません。

そのかわり、最初にお誘いを受けたときの断る理由は何でもいいでしょう。少しくらいのウソはかまいません。

「その日は習い事がありまして」とか、「今月は財政的にきびしくて」とか、どうしても行きたくない場合は、家族の誰かを体調不良ということにして乗り切りましょう。

けれど、一度「OK」と答えて約束をしておきながら、「あとで断ればいいや」などというのはよろしくありません。

「約束する」とは、自分の世界と相手の世界に「新たなかたちをつくる」ということ。

一度つくってしまった「かたち」をこわすというのは、実はたいへん良くないことなのです。

それでも、どうしても直前でお断りをしなければならなくなることはあるでしょう。そのときは、ウソをついてはいけません。本当の理由を相手に伝えてください。

仕事が理由なら正直に、他の約束を優先させたいのなら正直に、その旨《むね》を伝えます。

もし本当の理由が「ちょっと、気が進まないから」であれば、正直に伝えます。

当然、相手は怒るでしょう。ですから、安易《あんい》な約束はしないことです。

でも、「ドタキャンだけはしない」という思いがあると、人づき合いはずいぶんラクになると思います。

・お誘いを受けたときの断る理由はウソでもいい
・ドタキャンする場合は、本当の理由を伝える

ルールは、この2つだけ。

これを実践すると、あなたへの周囲の人々からの信頼も高くなっていくはずです。

「とても大事な人」「人畜無害の人」「大嫌いな人」に分ける

——人間関係を整理する「3つの箱」

あの人とはウマが合わない。会うのもユウウツ……。仕事でもプライベートでも、人間関係の悩みはつきませんね。

人とのつながりは、助け合って築いていくものですが、同時に自分を縛《しば》るものでもあり得《う》るというむずかしさがあります。

様々な人がいる中で、「合う人」「合わない人」がいるのはあたりまえのことですが、お釈迦さまのように悟りをひらいていない私たちは、かんたんに受け流すことはできません。

いっそのこと、まわりの人たちを振り分けて、「3つの箱」に入れてしまいましょう。「とても大事な人」「人畜無害《じんちくむがい》な人」「大嫌いな人」に分けるのです。

まず、心の中に次の3つの箱を用意してください。

※ノートに書いたり、パソコンやスマホなどを使って整理したりすると、誰かに見

られるリスクがあるので、そこは「ご注意!」です。

1　「とても大事な人」の箱

「濃密に影響し合いたい人」を入れる箱です。
その人の様子から、あなたの感情の海が満ちたり引いたりします。

2　「人畜無害な人」の箱

「ある程度の距離を保ってつき合いたい人」を入れる箱です。
その人に会ったとしても、あなたの感情の海は動きません。

3　「大嫌いな人」の箱

「苦手な人、かかわりたくない人」を入れる箱です。
その人に会うと、あなたの感情の海は大嵐《おおあらし》です。

できましたか？

次に、まわりの人たち（家族や親せき、恋人、友人、職場の人、ご近所さんなど）を思い浮かべて、この3つの箱の中に振り分けていきます。

「とても大事な人」と「大嫌いな人」は比較的わかりやすいと思いますが、「人畜無害な人」は少し説明が必要ですね。

人畜無害な人は、「ちょっと好き」「ちょっと嫌い」というように、さらに箱を分けてもかまいません。

ただし、ちょっと好きでも、ちょっと嫌いでも、人畜無害な人に変わりはありません。

つまり、この箱の中の人たちは、あなたが感情を動かす必要のない人たちです。

何を言われても気にしない。

仮に、人畜無害な人に「あなたは最低だ」と言われたとしましょう。

でも、それは「人畜無害な人に言われたことだから、そういう見方もあるのかな」くらいの気持ちで、軽く聞き流してください。

人間関係で何か不愉快なことが起こったら、「この人はどの箱の中に入れたかな？」とまずイメージして、少し心に余裕をつくりましょう。

＊

さて、「友人知人を仕分けるなんてひどい」と思われる方がいるかもしれません。

でも、よく考えてみてくださいね。

自分がやっていることは、たいてい他の人もやっています。無意識かもしれませんが、誰でも人を振り分けてしまうものなのです。

3つの箱に振り分けたとき、「人畜無害な人」がだんぜん多かったはず。ということは、自分もまた、ほとんどの人にとって「人畜無害な人」です。相手にだって振り分けの自由があります。これは仕方がありません。

要するに、**多くの人がお互いに気にしない関係です。相手にどう思われてもいいのです。こちらが思っているほど、相手は気にしていないことがほとんどですから。**

ところが、相手にとってあなたは「とても大事な人」だけれど、あなたにとって相手は「人畜無害な人」という場合もあります。

相手がそれを恨《うら》んで、あなたを「大嫌いな人」の箱に入れたうえ、あちこちで悪口を言うかもしれません。

でも、これはあなたのせいではありません。相手がひとりで解決すべき問題です。

また、「大嫌いな人」に会うと、どうしてもあなたの心は乱れてしまうかと思います。

ですから、できるだけ、その人に「会わない」「かかわらない」のがベスト。極力、距離を置く工夫をしてみてください。

職場などでどうしても一緒に仕事をしなければならない場合については、のちほどお話しさせていただきますね。

そして、3つの箱の中身は、移り変わっていいものです。一度どこかの箱に誰かを入れたら、その人は一生その箱の中の人、というわけではありません。「人間関係がうまくいかないな」と思ったら、箱の中身をどんどん入れかえていきましょう。

モヤモヤ、イライラした感情が、すっきり整理されていきますよ。

命に代えても助けたい人は？

——「とても大事な人」の見極め方

「とても大事な人」の箱の中に、あなたは誰を入れましたか？ 「この人も！ あの人も！」とたくさん箱の中に入っていませんか？

この箱の中身が多い人は、ちょっと心配です。人づき合いを頑張りすぎて、ヘトヘトになってしまうタイプだからです。

本来、「とても大事な人」はそんなに多くないはずです。

見分け方はシンプルに、「自分より大切な人か、どうか」で考えてみましょう。

次のような、究極のケースを想像してください。

あなたは、パンをひとつ持っています。

まわりには、あなたの知人、友人、家族がいます。そのパンを食べなければ、誰もが明日には命がつきるとしましょう。

さて、あなたはそのパンをどうするでしょうか？

自分は食べずにパンをすべてあげよう、と思う相手はまちがいなく「とても大事な人」です。パンを食べなければ、自分は死ぬのです。ぎりぎりのところを考えてください。「とても大事な人」は、一人か二人くらいではないでしょうか。

子どもは入るかもしれませんが、親御さんはどうでしょう。夫婦の関係であっても、そこまでいくでしょうか。一人もいなくても、ふしぎではありません。

自分にとって、本当に「とても大事な人」というのはとても少ない——。でも、それでいいのです。「とても大事な人」がわかれば、頑張る方向をまちがえずにすみます。

大切に思っている人以外の人間関係で、頑張りすぎることはないのです。

気づくだけで「悩み」の8割は解決する

──「カルマ」を手放そう

みなさん、次のような経験はないでしょうか？
会う人会う人に、なぜか同じことを注意されたり、叱られたりする。
同じようなタイプの人に、いつも悩まされたり、イヤな思いをさせられる……。
そういう不思議な出会いです。

実は、それは「カルマ」が原因です。

カルマとは、インド哲学で使われる言葉です。日本語では「業《ごう》」などと訳されます。

「宿命」というようなニュアンスでよく使われる言葉ですね。

仏教では「カルマ」＝「課題」。自分の中でうまくいかないとか、不運に感じることは、「今生《こんじょう》の自分に仏さまが与えたカルマである」という考え方をします。

うまくいかないことも決してマイナスのことではなく、魂のレベルを上げていくために課せられたカルマなのです。

達成できないと、何度でもまた同じようなことがくりかえし起きます。「同じことを言われる」「同じタイプの人に悩まされる」というのは、その代表です。

でも、カルマ（人生の課題）を解決すると、ピタリとそのようなことがとまります。

たとえば、「なぜAさんは傷つくようなことばかり言ってくるのだろう」と悩んでいる人は、Aさんのような人に対応することがカルマです。

対応力がついたと仏さまが判断されたら、Aさんと同じタイプの人に悩まされることはなくなります。そして、今度はまた別のステージのカルマが降ってきます。

＊

まずは、自分自身のカルマに気づくところからはじめましょう。箇条書《かじょうが》きでも何でもけっこうです。次の3つを順に書き出してください。

① 最近いちばんイヤだと感じたこと
② いままでの人生の中でいちばんイヤだったこと
③ 自分が幼いころの記憶の中で覚えているイヤだったこと

書き出し終わったら、じっくり眺《なが》めてみてください。くりかえし出てくる言葉や、同じようなケースが見つかりませんか？

それが、カルマ（人生の課題）です。

あなたは、このカルマをクリアするために今、生きているということなのです。

たとえば、次のような40代女性のケースをみてみましょう。

①最近いちばんイヤだと感じたこと
⇓「駅のホームでぶつかってきた人に睨《にら》まれた」

②いままでの人生の中でいちばんイヤだったこと
⇓「結婚まで考えていた人に別の相手がいて、そのまま別れてしまった」

③自分が幼いころの記憶の中で覚えているイヤだったこと
⇓「身に覚えのないことで、お母さんに叱られた」

ここから読み取れる共通点は、大事な場面で「きちんと自分の意見を言えない」ということだと思います。これが、彼女の「カルマ」です。

・まず、「自分の意見が言えていない」ことに気づく
・次に、「なぜ、言えないのか」を考える
・さらに、「どうしたら、自分の考えを相手に伝えることができるのか」を考える

このようなステップを経て、カルマをクリアしていくのです。

カルマは、気がつくことこそが大切です。なぜなら、カルマに気がついた時点で、「悩み」の8割が解決してしまうからです。

あとの2割は、その「対策」ですが、心配はいりません。すでにあなたは、自分のカルマに気づいているので、自信をもってあれこれと試すことができます。

カルマに気がついてさえすれば、絶対に具体策が出てきます。誰かに相談してもいいでしょう。

もちろん、すぐにうまくいく場合もあれば、うまくいかない場合もあります。それもまた修行のうちです。

人生には、カルマがいっぱいあります。いろいろなカルマをクリアしながら、私たちは生きていきます。

人間関係はもちろん、「なかなかうまくいかないな」というときには、ぜひカルマの書き出しを試してみてください。カルマに気づくだけで、心のモヤモヤが少しずつ晴れていくと思います。

実践法 1

自分自身を認めるために、「自分軸の木」を育てよう！

あなたは自分自身のことを認めてあげていますか？

「私」を100パーセント認めてあげられるのは「私」だけ。
自分の世界は自分にしかわからないのですから当然ですね。

誰かに認めてほしいと強く思っている人のほとんどは、自分をないがしろにしていることが多いものです。

他者に認めてもらおうとするのではなく、自分で自分のことを認めてあげましょう。

そのために、ぜひ「自分軸《じく》の木」を育ててください。

【自分軸の木の育て方】

・「体の真ん中に生えている木」をイメージする
・体の中に芽がぽつりと顔を出し、一本の樹木になって伸び始めるのを想像する
・体の中に木があることをいつも意識する
・「うれしい、楽しい」と感じたときに、この木をちょっとずつ太くし、育てる

問題は、何を養分とするか——、つまり、何を「うれしい、楽しい」とするか、ということです。

外の世界からだけ養分をとることをはやめます。
「上司にホメられてうれしい」「恋人と一緒にいて楽しい」……。こういうことだけを養分にしてはダメです。ホメられたときにしか木は育ちませんし、恋人が離れていけば木は枯れてしまいます。

もっと身近で、日常にあるものから養分をいただきます。
「朝昼晩、ごはんが食べられている」「着るものがある」「住む場所がある」「映画を見る余裕もある」「ときには外食もできる」など、あたりまえすぎて気がつかないでいる〝ちいさな幸せ〟こそ、「自分軸の木」の養分です。

身のまわりにある〝ちいさな幸せ〟に気がつくと、少しずつではあっても、ちゃんと毎日、木に養分を与えることができるようになります。

こうやって「自分軸の木」を育てていくと、仏教で言う「中道」（人生という道の真ん中）をぶれずに歩いていけるようになります。

これが、実は、自信をもつということ、安心するということ――。

自分を認めてあげるということにつながります。

第2章

「仕事」を頑張りすぎない

どんな仕事も「笑顔」につながる

――「利《り》他《た》行《ぎょう》」のすすめ

「仕事が忙しい」ということを理由にして、遅くまで残業したり、休日出勤をしたりと、身を粉《こ》にして働きすぎてはいませんか？　まじめなひとほど、このような傾向が多いようです。

もちろん、頑張って一生懸命に仕事をすることは素晴らしいこと。でも、頑張りすぎの状況が続いてしまうと、だんだん肉体的にも精神的にも追い詰められて、日々の生活自体にも大きな影響を与えます。

この章では、あなたの頑張る気持ちを尊重しつつ、もっとラクに、楽しく「仕事」をする方法を提案していきたいと思います。

*

仏教の世界では、本来、お金を稼ぐための仕事はしません。

今でも、タイのお坊さんは働きません。毎朝、鉢《はち》をひとつもって托鉢《たくはつ》に出かけます。街を歩いて鉢の中に食べ物を入れてもらいます。「お布施《ふせ》」をもらって、お寺にもどり、それを食べます。

何をもらっても、文句は言いません。何ももらえなければ、何も食べません。たくさんもらえば、それだけ食べます。


でも近ごろ、タイでは肥満のお坊さんが少なくないそうです。

今の風潮《ふうちょう》で、お菓子など高カロリーなお布施が多くなっているからだとか……。


仏教は、「何かをする」ということにとても敏感《びんかん》です。

仏教のそもそもは、あるがまま。風が吹いたら風が吹いたまま。水に流されたら流されたまま——そう考えます。

何かをするということは、「あるがままにしない」ということです。

たとえば、植えた大根が洪水に流されないように堤防をつくりましょうとか、いい大根ができるように肥料をあげましょう――などは、本来、仏教ではよくないことだと考えます。

水が出て大根が流されてしまえば、「ああ、流されたね」と思います。運よく大根が成長すれば、ありがたくいただきます。

＊

ただし、ここがおもしろいところなのですが、仏教は「利他行《りたぎょう》」を認めています。

利他行とは、文字どおり「他者の利益のために行動する」ということです。

たとえば、お坊さんはお寺を掃除しますね。あれは、お寺を訪れる人が気持ちよく過ごすための掃除です。

利他行のひとつとして、ピカピカになるよう掃除しているのです。

水道工事という仕事を考えてみましょう。

「何のために水道工事をしているのか」と職人さんが聞かれたとします。

「お金を稼ぐため」という答えもありますが、「みんなに水を届けるため」という答えもあります。

答え方の違いですが、実はこれが、利他行かそうでないかのちがいです。

また、看護師という仕事は、「人のためにする素晴らしい仕事」などと言っていただくことも多いのですが、実際の現場には「めんどくさいな」と口に出してしまう人だっています。

「何をしているか」ではありません。

「どういう心持ちで仕事と向き合っているか」ということが大切なのです。

世の中の「仕事」は、かならず誰かの役に立っています。

すべての仕事が、どこかでかならず誰かを笑顔にしています。どんな仕事に就《つ》いているかというのは、さほど重要ではありません。

「家族を養うため」という気持ちで仕事をしているのであれば、私はそれも利他行だと思っています。

「自分を満たす」ことを最優先に！

――自利《じり》をもって利他行に励め

「利他行」は大切。でも、これはけっして「滅私奉公《めっしほうこう》をしなさい」ということではありません。お釈迦さまは、利他行の前にこう言っています。

「自利《じり》をもって利他行に励め」と。

「自利」とは、「自分の利益」という意味です。自分の身体を養生《ようじょう》すること、心を休めることを含みます。

つまり、**「自分の心身を十分に満たしてから、他者のための行いをしなさい」**ということです。利他よりも自利が先。ここを忘れてはいけません。

たとえば、自分も喉《のど》がカラカラのときに、隣の人に水を分けてあげたとします。その人が礼も言わずに走り去れば、「なんだ、あいつは!」と腹が立つでしょう。

でも、自分のところにあふれるほどの水があり、そこから水を分けてあげたとするとどうでしょう。同じように、隣人が礼も言わずに走り去ったとしても、

「走れるくらいに元気になった。よかったな」と思えます。

どちらの場合も、水をもらった人は礼も言わずに走り去っています。

つまり、自分がやった仕事に対して相手がどういう反応を見せたかなどは、問題ではありません。こちら側の心持ち次第だからです。

いい仕事をするうえで必要なのは、まず自分の心に余裕をもつことです。

私は講演会や相談にいらした方たちに、**「まずは自分の心のコップを幸せで満たしましょう」**とお伝えしています。

自分のコップが満たされていれば、そこから誰かに水を分けてあげることができる。でも自分のコップが空《から》だと、どれだけ人のために尽力しても「私のコップに水をちょうだい」というモードになってしまいます。

「やってあげているのに相手から感謝がない」と不満を感じてしまうとき、きっとあなた自身の心のコップが空っぽなのです。

自分自身の生活がぼろぼろで、心もスカスカな状態で、「誰かのために尽くす」というのはやはり無理があります。

日々の仕事でクタクタになっているとすれば、それは自利がカラカラだから。

もっと自分の心と身体を大切にしてくださいね。

「頼れるところ」をたくさんつくる

——「元気になるメモ帳」の使い方

「依存」という言葉は、ふつうあまりいい意味では使われませんね。何かを頼りにしなければ生きていけない、というマイナスのイメージです。

ですが、依存すること自体は悪いことではありません。「ひとつのことにしか依存できない」というのが問題なだけです。

イヤなことがあるとお酒を呑《の》む、腹が立ったら酒を呑む、いいことがあったらあったでお酒を呑む……。

こういう人は、アルコール依存症《いそんしょう》の一歩手前です。「依存症」という病気は、「依存先がひとつしかない」ということで生じます。

たとえば、生まれたばかりの赤ちゃんは、お母さんしか頼れる人がいません。依存先がひとつだけです。

それが成長するにつれ、家族はもちろん、親せきやご近所さん、学校の先生や友だちなど、頼れる人がどんどん増えていきます。

成長するというのは、なんでもひとりでできるようになるということではありません。何か困ったことがあったとき、多くの人に頼れるようになっていくのが成長です。

頼れるところ、つまり「依存先」をたくさん持っている人のことを大人《おとな》というのです。

依存先は、人でなくてもかまいません。モノでも、場所でも、体験でも、「疲れたな、つらいな」と感じたときに、自分の心を整えてくれるものであればいいのです。

*

仕事ができる人ほど、自分ひとりで頑張ってしまいます。もしかしたら、誰かに、何かに頼るのが苦手なのかもしれませんね。

でも、頑張りすぎて病気になってしまったら、元も子もありません。では、どうしたらいいでしょうか?

それは、自分を癒《い》やす方法をもつこと。頼れるところをたくさんつくることです。

「私はこうすると元気になれる」ということを、具体的に書き出しておくことをおすすめします。あなただけの「元気になるメモ帳」づくりです。

「海外旅行」や「温泉旅行」、「高級イタリアンを食べる」「映画を観る」「コンサートに行く」「読書をする」……、「マッサージ」や「エステ」「ヨガ」「ゴルフ」「ボーリング」など、思いつくかぎり書き出してください。

大人なら「30個」は欲しいですね。なぜなら人生にはお金や時間があるときも、ないときもあります。どんな状況でも対応できるよう選択肢は多いほどいいからです。

とは言っても、30個を書き出すことはなかなか難しいのではないでしょうか。

そこで、「元気になるメモ帳」をより使えるものにするために、もう少し細かく考えていきます。

たとえば、「温泉旅行」。心も身体も癒やされる温泉旅行ですが、いざ行こうとすると、時間的にも経済的にも少しハードルの高いイベントですよね。

そこで、「温泉旅行」の代わりになるものとして、「スーパー銭湯に行く」や「自宅のお風呂に、お気に入りの入浴剤を入れる」などを加えます。

「高級イタリアンを食べる」というのも、「宅配ピザを食べる」や「近所のパン屋さんに行く」など、少しハードルの低いものものつけ加えていきます。

仕事や人間関係で行きづまってしまって、どう動けばいいのかわからない……。そのようなピンチのときに役立つのが、この「元気になるメモ帳」です。自分を癒やす方法がわかっていれば、流れを取りもどすことができるのです。

休むべきときは、しっかり休む

――「働き方改革」のむずかしさ

以前から「日本人は働きすぎ」と言われてきましたが、なかなか改善されませんでした。しかし、ここにきて労働環境が一気に変わろうとしています。「働き方改革」ですね。

残業を少なくし、有給休暇もきちんととる。そのような働き方が今、推奨《すいしょう》されています。

そうは言っても、まだまだ「休暇」を申請することは、現実的にはなかなか難しいようです。

たとえば、私たち看護師のような医療の現場では、なかなか休みがとりにくい。慢性的に人手不足で、仕事量がかなり多いので、ひとり休むとほかの人の負担が増えてしまうからです。

今では少なくなりましたが、かつては「赤ちゃんができたので休みます」ということに対してさえ、あれこれ言われる始末。女性が多い職場ですから、妊娠が重なる場合があります。4人も5人も産休ということになると、確かに現場はたいへんです。

ですが、このような職場環境は変えていかなければなりません。仕事を頑張るのと同じように、働き方を改革するために頑張りたいものです。

＊

従業員が休暇をとりやすくする方法のひとつとして、「上司が率先して休む」というのはどうでしょう。

上役やキャリアの長い人がきちんと計画を立て、休みをとれば、他の人たちも気兼ねせず休みをとれると思います。

お恥ずかしい話ですが、これについては、私もずいぶん反省したことがあります。

二人目の子どもができたとき、私はとても体調がよかったので周囲には妊娠したことを伝えず、看護師としてバリバリ働いていました。

そして、8ヶ月をすぎてから、産休に入りました。よかれと思ってぎりぎりまで働いた私ですが、看護師仲間からは感謝されるどころかとても責められました。妊娠して早い時期からつらく、苦しむ人もいます。とても、働ける状況ではありません。それなのに、私のように産み月間近までだまって働いてしまう前例があれば、そこが基準になってしまいます。「妊娠したから休みます」と言っても、「あまったれたことを言うな」という批判の口実になってしまうのです。

やはり、休むべきときはしっかり休む――。

結果的に「休む」ということが、あなたも、まわりも、幸せにしてくれるでしょう。

やめてもいいし、
逃げてもいい

――「不眠」は体からのＳＯＳ

今の仕事をやめるかやめないか。判断はなかなかつきにくいものです。経済的な問題もありますから、簡単ではありませんね。でも、体に不調のサインが出てきたら要注意。

「眠れない……」という状態が1ヶ月続いたら、やめたほうがいいし、逃げたほうがいい。睡眠や食欲など、基本的なところが脅《おびや》かされるのは本当に危険です。

一日や二日なら、許容範囲としてもいいでしょう。徹夜で会議の準備ということもあると思いますから。

しかし、不眠が1ヶ月も続くようなら話は別です。自分の体が出すSOSのサインを、しっかりキャッチしてください。

やめること、逃げることは確かに勇気のいることです。

でも、やめてしまったほうがいい場合もある。私はそう思います。

体や心を壊《こわ》してまで仕事をしてはいけません。もし、そのような職場にいるのであれば、次の仕事先を探しましょう。

これからは人口減少の時代です。私たち一人ひとりの労働力がますます大事になってきます。

現在、世の中は空前の人手不足です。「次」はいくらでもあります。

「今の仕事をやめたら、ほかに行くところがない」――、もしそういう方がいたら、どうぞ介護の世界を考えてみてください。

大変な仕事ですが、採用率200パーセントと言ってもいいくらい、どこも求人中です。最短1ヶ月で介護職員初任者研修という資格もとれます。

*

また、「転職して、失敗したらどうしよう……」という不安のある方もいるかと思いますが大丈夫。たとえ、転職先でうまくいかなくても「次がダメならまた次へ」と気楽に考えてください。

「次は、失敗できない」などというプレッシャーは無用です。


私が高校生のころは、退学などするものなら一発アウト。「人生はお先真っ暗」という時代でした。だから、どんなに学校でイヤなことがあっても、やめたり、逃げたりするという考えには及びませんでした。


でも、最近の子たちは、わりとかんたんに高校をやめます。

最近も、そういうケースに出会いました。学校でトラブルがあって、やめたいという高校生のお話です。

親御さんはちょうど私と同じくらいで、「退学なんてとんでもない」という世代。ところが、いろいろ調べてみると、中途受け入れをする高校がたくさんあったのです。結局、その子は、通っていた学校をやめ、別の学校へ移りました。転校先の学校では、中途入学が特別ではないようで、その子のあとから転入生が6人もやって来たそうです。

ひと昔前は、会社も学校も「一度入ったら、最後まで」というのが美徳とされていました。でも、今はちがいます。自分が傷ついてまで、そこに居続ける必要はありません。

価値観の変化には、良いものも悪いものもあります。私は、これは良い変化だと思います。

高校生ですら、転校が自由になってきているのです。私たち社会人は、もっと自由に生きてもいいではないですか。

やめてもいいし、逃げてもいいのです。

苦手な人には、心の中で
「お気のどくさま」と
つぶやく

——「理解してあげる」というワザ

上司が部下に、無理難題を強要したり、できないことを攻撃したりすることを「パワーハラスメント」と言いますね。職場での悩みの上位に「パワハラ問題」があるようです。

イヤな上司の下についてしまったら、受け流すしかありません。でも、受け流すにしても、いつかは無理がきます。じっとガマンしている受け身の姿勢ですから、解決の方向へは向かいません。

ちょっとむずしいかもしれませんが、いい方法があります。それは、相手のことを「理解してあげる」というワザです。

イヤな上司に限りませんが、きつい言葉などであなたを責めてくる人には、どこか不幸なところがあります。

自分のコップが空っぽで満たされていないから、人を攻撃するのです。あなたの仕事のやり方が問題なのではありません。ですから、たとえその人の言うとおりに仕事をしたとしても、攻撃は止まりません。

本当の原因はそこにはないのですから、何をやったところで無駄です。

苦手な人をよく観察して、相手の立場になって考えてみる。その人の抱えている本当の問題が何かわかれば、こちらの受け止め方が変わります。「ああ、この人もつらいんだ」と理解してあげましょう。

具体的な対策としては、苦手な人の前では、心のなかで「お気のどくさま」とつぶやく――。ちょっと抵抗《ていこう》があるかもしれませんが、そのくらいの心持ちで接してみてください。

あまりにひどい状況が続くようなら、「いいかげんにしてください」と、一度くらいキレたっていいのでしょう。人を見下してくるような相手に対しては、一回は強いところを見せるべきです。

それでもまだ理不尽な攻撃をするようであれば、いよいよ転職を考える時期です。もちろん、その前に相談や報告ができる人がいたら、つつみかくさず話します。相手に問題があるのですから、本来、あなたがやめる必要はありません。

*

〈苦手な人の対処法〉

・まず、「大嫌いな人」の箱に入れる（P63参照）。心の中で相手との関係性を整理する
・つぎに、できるだけ「会わない」「かかわらない」ようにする
・仕事などでかかわらなくてはならないときは、相手を理解してあげる

・心の中で「お気のどくさま」とつぶやく
・どうにもならないときは、逃げてもいい
※あなたのカルマ（人生の課題）が原因かもしれないので、カルマがクリアできれば、自然と問題が解決するかもしれません（P73参照）。

そして大切なのは、自分の心を幸せいっぱいに満たすこと。

苦手な人が近くにいる場合、その人のことばかりを見てしまいます。顔の表情が気になり、言葉の一つひとつが気になります。

どうしても気になってしまうのは、こちら側の心がカラカラだから。自分自身のコップが満たされていれば平気です。

苦手な人と仕事をする際は、ときに受け流し、ときに正々堂々と——心に余裕をもって、ほどほどにつき合いましょう。

あまり「お金」に執着しない

――カネは天下のまわりもの

私は今、看護師としてクリニックで働きながら、「大慈学苑」という非営利一般社団法人の代表もつとめています。

「大慈学苑」は、在宅で療養中の方とそのご家族の心を支えるスピリチュアルケアの推進に励《はげ》んでいる団体です。その分野が進んでいる台湾《たいわん》に数年間通って、技術と仕組みを勉強したあと、2019年に発足《ほっそく》しました。


発足にあたって、師僧から言われたことがあります。

「講座をひらく場所を借りるにも、何をするのにも資金がなくて……」という私に、師僧はこうおっしゃいました。

「大慈学苑を建てようとする気持ちはあなたにしかない。でも、お金は他人さまが持っているんだから心配しないでやりなさい」と。

「なるべきものには、お金が必ず集まってくる。最初にお金ありきで、お金があるからできる。お金がないからできないというのはおかしいよ」――師僧は、そういうお話をされたのだと思います。

お金がないから遊べない。お金がないから旅行に行けない……。私たちは、何をするにもまず、「お金がないからできない」と考えがちです。でも、お金というのは、必要なところにはきちんとまわってくるもの。

たとえば借金も、まわってくるお金のうちでしょう。借りられるのであれば、それは、まわってくるお金ということです。もちろん、必要以上に借りてはいけませんけれど。

仏教の世界では、「自分のものなど何もない」と考えます。お金もまた、自分のものではありません。だから、流れ着いてくることもあるし、出ていってしまうこともあります。

困っていたら貸してあげる。ならば、困ったら借りてもいい。それくらいの心持ちでいいと思います。

万事、「流れ」です。お金のことに関して、あまり肩肘《かたひじ》をはらなくてもいいのではないでしょうか。

*

どん底から持ち直した経営者のエピソードに、事業は人のためという発想に転換したら業績が回復したという話がよく出てきます。

お金は自分のものだ、絶対に出すまい、損すまい――。きっと、そんな、まちがった方向に頑張ることから抜け出した結果なのでしょう。

もしかすると、「お金をもうけよう」と頑張りすぎなくなると、お金が流れてくるのかもしれませんね。

実践法 2
心のコップを幸せで満たす、「プチリチュアル」をはじめよう！

自分の心のコップを幸せで満たす——。

この実践法として、私は、「プチリチュアル」をおすすめしています。


「プチリチュアル」とは「小さな儀式《ぎしき》」のこと。リチュアルは、英語のRitual（儀式）という意味です。

儀式といっても、大げさなことをするわけではありません。

日常の習慣を、少し意識づけして、小さな儀式に格上げしていただきたいのです。

たとえば、「毎朝、コーヒーを入れて飲む」という習慣です。「朝のコーヒーは私を元気にしてくれる」――。なんとなく、そう感じている人は多いでしょう。

この感じをより強く意識します。そして、コーヒーを入れて飲むという「習慣」を「プチリチュアル」に昇格するのです。

坐禅《ざぜん》を組む修行僧のように心を落ちつけて、コーヒーを入れて飲むようにしてください。

何日か続けていると、

「朝、コーヒーを飲む」⇓「元気がチャージされた」

と意識が変わってきます。

仏教の世界でいう「修行」とは、まさにこのことなのです。

瞑想《めいそう》や坐禅、読経《どきょう》、食事の支度《したく》、掃除など、毎日決まった時間に行います。
いわゆる「反復練習」ですね。

【プチリチュアルのやり方】

・日常的にできることを、意識的に「小さな儀式」とする
難しいことや負担のかかることではなく、かんたんで、「視覚」「聴覚」「触覚」「味覚」「嗅覚」の五感に働きかけるもの

たとえば、
・心を落ちつかせるため、休日のお昼にジャスミン茶を飲む
・イヤなことをリセットするため、寝る前にローズの香《こう》を焚《た》く
・イライラを消すため、家を出るときに空を見る
など

それぞれ、

「ジャスミン茶を飲めば、心が落ちつく」

「ローズの香を焚けば、怒りがおさまる」

「空を見れば、イライラが消える」

というように、意識づけをきちんとしながらおこなう

＊

ただし、プチリチュアルにハマらないようご注意を。

プチリチュアルをいくつもつくってしまって、「やり終えるまで外出できない」というのは本末転倒《ほんまつてんとう》です。

「今日はできなかった。また、あしたやろう」というくらいの気持ちでいいでしょう。

気軽に、プチリチュアルを日常生活に取り入れてみてください。

第3章

「家族の介護」を頑張りすぎない

「世間の目」を気にしないで

——「固《こ》定《てい》観《かん》念《ねん》」にとらわれない

いよいよ「人生100年時代」がやってきました。年々、平均寿命が伸びてきているのはけっこうなことですが、親御さんや配偶者の介護、自分自身の老後に不安を抱えている人はすくなくないでしょう。

誰もが介護の問題と無関係ではいられない時代になったのです。

たとえば、50歳で75歳の親の介護をはじめたとします。

親が100歳まで生きたと仮定すると、自身も75歳になっていますから、孫の代まで介護がまわっていくことになるかもしれません――。

そして、介護においてもっとも気をつけなければならないのは、経済的にも精神的にも介護をする人と介護される人が共倒れになることです。

介護をしている人にも生活があります。仕事、家事、子どもの世話、趣味や習いごとなど、時間がいくらあっても足りないくらい。それに、介護が加わると、生活のリズムが一挙に崩れてしまいますから注意が必要です。

ここからは、多くの問題を含んでいる「介護」とどう向き合い、どうこなしていくか――、私の体験談や相談例などをもとにしながらお話ししていきたいと思います。

＊

まずは、介護や病人に関する「固定観念《こていかんねん》」についてです。

人は、他人に対しては特にきびしく「あるべき姿」を求めてしまうようです。

このような例がありました。

30代後半の女性が子宮がんになり、それをＳＮＳで公開しました。

「まさか、こんなことが自分に起こるとは思わなかった。青天の霹靂《へきれき》です」

その彼女の告白に、「頑張って」「いつでも声をかけてください」などたくさんの応援コメントがつきました。

その次に、彼女がSNSに投稿したのは海水浴の様子でした。水着姿で海に入って楽しんでいる写真と、「今日は思いきり楽しんでいます」といった文章をアップしたのです。

すると、それを見た人たちが、裏でこそこそとコメントをかわしはじめました。「あれ見た？」「病気なんて、ウソなんじゃないの？」「かわいそうだと思われたいだけ？」などの陰口《かげぐち》がはじまったのです。

がん患者はおとなしく青白い顔をして家にいるべき――、それが世間の「固定観念」なのでしょう。

しかし、そんなことはありません。

がんの人だって、海にいけます。手術前、治療前ならなおさらです。元気に海に入り、楽しくバーベキューをしたって、何の問題もありません。

でも、それを許さない〝何か〟が私たちの心の中にあるのです。

＊

世間の固定観念からはずれた人が攻撃されてしまう……、たいへん大きな問題です。

そしてこれが、介護というものをやりづらくさせています。

たとえば「世間の目」は、介護をしている人が旅行にいくのを許しません。おしゃれをしてショッピングに出かけるのを許しません。

「髪の毛をぼさぼさにして、目の下にくまをつくって必死にやるのが介護だ」

――残念ながら、そういう固定観念がいまだにあります。

介護の専門家でさえ、無意識のうちにそう思ってしまう場合があります。毎回きれいにお化粧をして、帽子などもきちんとつけて病棟にいらっしゃるご婦人がいれば、少し心がざわつきます。「介護をするのに、あんなにおしゃれをする必要なんてあるかしら」と思うこともあるのです。

介護をしている人は、そういう世間の目を察《さっ》します。だから、介護をするときは、おしゃれはしない。遊びにもいかない。あれもダメ、これもダメと、どんどんどんどん、つらくて苦しい介護をするようになっていきます。

世間の目に合わせようという、まちがった方向に頑張りすぎてしまうのです。

介護する側がつぶれてしまえば、介護される側もつぶれてしまいます。

まず、元気でいなければならないのは介護する人です。

この本の中で、何度もお話しさせていただいているように「自利」が先です。

世間の目なんて気にせず、もっと、もっと、あなた自身をいたわってくださいね。

そして私たち一人ひとりが、「介護はつらくて、苦しいもの」という固定概念にとらわれないように気をつけていきましょう。

すべてを完璧に
こなす必要はない

――優先順位をつけて、取《しゅ》捨《しゃ》選《せん》択《たく》

介護の現場では、頑張りすぎてヘトヘトになっている方をよくみかけます。なんでもやってあげたいと思う気持ちはよくわかります。その気持ちは素晴らしいことです。

でも、介護する人がそんな状態で、どうしていいケアができるでしょう？

まず、自分自身がいい状態でなければ、人のお世話などできません。

ある70代の女性は、「とにかく病室はきれいにしておかなければいけない」とおっしゃり、毎日毎日ご主人の病室を一生懸命に掃除しています。

もちろん彼女は、ご主人の身体を拭きますし、おむつもかえます。家に帰れば、洗濯や食事の支度などすべきことがたくさん待っています。正直、もう限界ギリギリで、いつ倒れてもおかしくない状況です。

私がその方に、「毎日病室の掃除をする必要はあるのかしら？」と尋《たず》ねると、「いろいろな人がお見舞いにきますから、毎日掃除しないといけないのです」と答えます。

多少、散らかっていても、お見舞いにくる方々はわかってくれるのではありませんか。それよりも、いつも元気な顔でつきそってくれているほうが、介護を受ける側もうれしいはずです。

体を拭く、ということも同様です。

「気持ち悪いだろうから」「お風呂には毎日入るものだから」という理由で、体を毎日拭いてあげる。

でも、拭かれている本人に聞くと、「毎日でなくてもいいのに……」ということのほうが多いものです。

＊

介護をしていくうえで大切なのは、お互いに笑顔で、楽しく日々を過ごすこと

ではないでしょうか。

大切な人と大切な時間を共有するために、私たちは介護をします。そのためには、まず自分自身が元気でいられるほうへと変えていかなければいけません。

いまやっていることは、本当に必要か――と、ときに自問自答してください。「優先順位をつけて、取捨選択していく」ということです。そうしないと、次から次へやることが増えていってしまいます。

しなくてもいいことは、きっぱりとやめる勇気を持ちましょう。

すると、介護は格段にやりやすくなります。

つらいことも、おもしろいことに変えてしまう

――在宅介護の楽しみ方

私の夫はカメラマンでした。2005年に入院して、大腸がんの治療を続けていました。

一度は快方に向かったものの、その5年後、膵臓《すいぞう》に転移していることが判明しました。

当然、夫は私たち家族のために治療を頑張ってくれると思っていたのですが、「もう治療はしたくない」と言いだしたのです。

最初は夫の考え方が理解できず、言い争いが続く毎日。しかし、夫はどんな言葉をかけても折れてくれません。結局、夫の意思を尊重し、在宅での看取りを選択しました……。

山あり谷ありの在宅介護でしたが、いまではとても有意義な時間を過ごせたと思っています。

＊

介護の後半、私の夫はよくおもらしをしました。

私たちが出かけて帰ってくると、部屋の中にぽつぽつと、奈良の鹿のフンのようなものがよく落ちていました。

下《しも》の世話は、本人もつらいことですし、お世話するほうもイヤなものです。

でも、それはものごとのとらえ方のひとつにすぎません。ものごとには、かならずちがうとらえ方があります。

私の家では、夫のおもらしを「牧場化」と呼んでいました。

子どもと帰宅したときなどは、玄関のドアを開けると臭《にお》いでわかって、「ヤバいよ、今日は牧場化してるかも！」と子どもが言います。そして、誰が最初にそれを見つけられるか、という遊びをしていました。

つらくて、イヤな下の世話も、おもしろおかしくしてしまうのです。

もちろん、本人にも隠さずに言います。その当時は、「お父さん、また牧場化してたよ」「ごめん、ごめん」などという会話が親子で交わされていました。

病状が進んでくると、食べる量もだんだん少なくなってきます。食事を用意しても残すことが多くなってくる。

つくっても食べてくれなくて寂《さび》しい。一生懸命つくったのだから食べてほしい……。そういう思いがつのるのですが、悲しんでいても仕方ありません。

私は一品一品の量を少なくして種類を増やしました。

種類を増やすといっても、同じものを少しアレンジするだけ。お肉でも、ひとつはゴマ味、ひとつはポン酢、ひとつは塩、くらいの違いです。「今日は、どの味なら食べられるか」とクイズのように、子どもたちと当てっこしていました。

ジュースも、オレンジとパインとりんごと、ちょっとずつ用意します。「今日はりんごがいけたよ！」「じゃあ、明日もりんごかな⁉」という具合です。

悲観的になってしまうようなケースでも、肉体的に、経済的に無理のない範囲《はんい》で、ちょっとずつ楽しみをもたせていきました。

こういったことは、在宅だからできたこと。家族4人で、最期まで自宅で過ごした日々はとても有意義な時間でした——。

ポイントは、ものごとのとらえ方です。

私たち家族が経験したように、すこし視点を変えるだけで、在宅介護はもっとおもしろおかしくしていけるはずです。

「介護サービス」を上手に利用する

——罪《ざい》悪《あく》感《かん》はいらない

現在、介護が必要になった高齢者を社会全体で支える「介護サービス」の普及《ふきゅう》が進んでいます。高齢の親族に介護が必要になったとき、家族だけでは介護する側の心と身体の負担がおおきくなってしまいます。

介護サービスをどう効果的に利用するか——が、社会全体のテーマになっているといえるでしょう。

かつては、「親を施設に入れるなんて」という意識が強かったと思います。しかし、いまはそのような時代ではありません。

介護サービスもいろいろあります。訪問介護からデイ・ケア、施設サービス（特別養護老人ホーム、介護老人保健施設など）まで、要介護・支援状態の人であれば、国や自治体がサポートしてくれます。

介護する人、される人の状況によって、最適だと思えるサービスを適宜《てきぎ》選んで、活用しやすい環境が整ってきました。

とは言うものの、介護に対する考え方は、ご家庭や地域差があるのも事実。とくに、地方ではいまだに、自宅で親の面倒をみるのが当然という風習が残っているところもあるでしょう。

介護する側が「そろそろ施設に入れたほうが……」と思っても、親せきやご近所さんの「目」が許してくれません。親御さんも、それを期待している場合が多々あるようです。

とくに、本家《ほんけ》の長男のところに嫁《とつ》いだ方が苦労しているというお話をよく聞きます。いちばん介護を頑張っているのに、まわりから評価されない。介護サービスも利用しづらくて、孤軍奮闘《こぐんふんとう》しているのです。

また、親御さんの介護のために、仕事をやめてしまうという「介護離職《りしょく》」も社会問題となっています。

ご自身やご家庭、仕事の事情などいろいろあるかと思いますが、大切なのは、家族みんなが、無理なく、長く介護を続けていける環境をつくることです。

そして、「看取り」のときはいつかかならずやってきます。そのあとも、とうぜん介護した側の人生は続いていきます。

自分自身や家族のためにも、介護サービスを上手に利用する。それはけっしてラクをするためではなく、介護される人のためでもあるのです。

私は夫を自宅で看取りましたが、在宅介護にこだわる必要はありません。

たとえ、あなたが親御さんを施設に入れるという選択をしたとしても、罪悪感をもたないでくださいね。

ただ、ひとつだけ、おさえておきたいことがあります。

それは、「覚悟をもつ」ことです。

これを忘れて、「気持ちの方向」を間違えてしまっている人が多いようです。

「施設に入れる」ということは、「その施設にまかせる」という決断をしたのです。

＊

たとえば、施設で親御さんが転倒してしまったとしましょう。

すると、「なぜ、転ばせた！　何をやっているんだ！」と、施設にクレームをつける人が少なくありません。

足腰が弱ってくれば、どうしても転びやすくなります。骨折してしまうこともあるでしょう。でもそれは、在宅介護をしていても同じです。もちろん、施設側に明らかな過失《かしつ》があるなら話は別ですが。

クレームが多くなれば、施設のほうは絶対に転ばせないような対策をたてます。24時間、つきっきりで面倒をみることは不可能ですから、まだ歩けるのに車《くるま》椅子《いす》に乗せたり、ベッドに寝かせたままにしたりします。いちばんイヤな思いをするのは親御さんです。

親御さんを施設に預けている人の心のなかには、やはり罪悪感があるのかもしれません。

施設側を責めることで、自分自身の罪悪感を消してしまいたい——ということなのかもしれません。

でもそれは、まちがった方向に頑張りすぎてしまっています。

施設を利用しても、自宅で介護をしても、いまあなたがベストだと思う選択をすればいいのです。

いいことも悪いことも、自分のせいでも、他人のせいでもありません。

流れるままに、あるがままに、ものごとは動いていくものですから。

死に目に会えなくても、
想いは伝わっている

――一緒に過ごす時間の大切さ

介護の相談やスピリチュアルケアの仕事をしていて、すこし気になることがありますす。「最期を看取る」ということに、みなさん、かなり強い想いをもっていらっしゃるということです。

愛する家族の最期に立ち会いたいという気持ちはもちろんわかります。でも、息を引き取るところを見たか、見なかったか――それはおおきな問題ではないと私は思います。

生前に、どれだけ素敵な時間をともに過ごすか――が大切だと思うからです。

また意外かもしれませんが、実は、ひとりで逝《い》きたいとおっしゃる方も少なくありません。介護の現場では、よく聞くお話です。

そういう方はいよいよというとき、家族がまわりに集まっているあいだは意地でも逝きません。ひとり疲れ、ふたり疲れ、誰もいなくなったところですっと逝きます。

残された家族は「どうして……」と嘆くのですが、それがその人の逝き方なのです。

ちょっとうたた寝しているあいだに逝ってしまった。最期の最期に、ひとりぼっちにしてしまった……と、深い後悔にさいなまれる方もいます。

でも、息を引き取るところを見るために、介護をしていたわけではありませんね。介護されていた大切な人は、うたた寝をしているその方の寝顔を見て、きっと安心して逝ったのです。

たとえ死に目に会えなかったとしても、介護した人の〝想い〟は相手にちゃんと伝わっているものです。

大切な人を亡くしたら、
2年間は
「悲しいまま」でいい

――ゆっくりと心は回復する

私の「人の一生」のイメージは、〝川の流れ〟です。私たちは生まれてからずっと、川の流れの中にいます。

どんぶらこどんぶらこと流れていくだけで、うまいこと海にたどりつくように、その川の流れは整えられているもの――そういうふうに私は考えています。

流れにまかせていれば、いちばんいい状態で海までいく。せき止めようとしたり、流れをねじまげようとしたり、底を深く掘ろうとしたり、大きな流木を無理やりどけようとしたりすると、かえってうまくいきません。

でも、やっぱりよどむときにはよどんでしまうのが人生です。

そういうときは、先を急ぎません。よどみの中でぼんやりとします。

あわてて選びません、あわてて決めません。よどんだままに、すこしぼうっとしていればいいのです。すると、ふたたび流れていくべき方向に流れていきます。

＊

私たちは熱を出すことがありますね。翌日に熱が下がれば、もう治ったと思い、そのまま仕事に行ってしまいます。

でも本当は、一度熱を出した体がすっかり回復するまでには、ほぼ1ヶ月かかるのです。

また、外科の先生がよく言うことですが、手術で一度お腹を切ると、体が完全に戻るまでには3年かかります——。

心もまったく同じです。

大切な人を亡くした人から、「いつまでも悲しんでいてはダメですよね」という言葉をよく聞きます。

ダメではありません。私の経験から言うと、どんな人でも2年間は悲しみが続きます。

悲しみを乗り越えたと思っていても、心の奥底では〝悲しみ〟が残っている……。本当に回復しているわけではないのです。

「いつまでも悲しんではいられない」と無理をするのも、「もう悲しみを乗り越えた」と新しい道に進もうとするのも、頑張りすぎのひとつです。

時間をかけて少しずつ戻っていくのが心というもの。

ゆっくりと自然にまかせ、悲しむだけ悲しんでいていいのです。

かならず後悔する。
正解はないのだから……
――「人生会議」のルール

介護や終末医療《いりょう》をしていくうえで、「決断」を迫られる場面がいくつかあります。在宅介護か、施設に預けるか。手術をするか、しないか。治療はどこまでするのか……。

とても難しい局面ですから、ご家族や兄弟姉妹などが集まり話し合いをすると思います。いわゆる〝人生会議〟ですね。

2018年11月、厚生労働省は「人生の最終段階の終末期に、どのような医療やケアを受けるかを事前に家族や医師などと話し合いを重ねる過程」を指す「アドバンス・ケア・プランニング（ACP）」を「人生会議」という愛称で呼ぶことに決めました。

愛称をつけることでACPを普及、浸透させる狙いがあるようです。

人生会議をするにあたって、みなさんで共有してもらいたいことがあります。

それは、「正解はない」ということです。どんなに話し合っても、どんなに調べても、どんなに考えても、ほんとうの「答え」というものはありません。でも、いつかは決断しなければなりません。

家族同士で話し合いをしていると、ときにケンカのようになるケースがよくあります。

たとえば、兄が「そろそろ、お母さんを施設に入れよう」と言えば、弟が「それは、冷たい！」と非難する。姉が「お父さんの年齢で大手術をしたら、体力がもたないからこのままのほうがいい」と言えば、妹が「いま手術しないと治らないのに、見殺しにするの！」と非難する……。

家族で意見がちがうのはあたりまえ。でも、それぞれが真剣に自分の意見を言っています。そのことをお互いに理解して、冷静に話し合いましょう。

それでも看取ったあとは、100パーセント後悔するものです。
Aを選んだとしたら、Bを選んでいたらどうだったろう……と後悔します。
Bを選んだとしたら、Aを選んでいたらどうだったろう……と後悔します。

大切な人を亡くしたのですから、後悔するのは当然です。ですが、それで兄を責めたり、姉を責めたりと、誰かの責任にしてはいけません。
残念ながら、私たちの命はいつか終わりを迎えます。どんな選択をしたとしても、かならずそうなるのです。

正解はない。かならず後悔する――。

このことを家族全員でわかち合い、そのときにベストだと思う道を選んでください。大切な人を想う気持ちは、みんな一緒なのですから。

実践法 3
暮らしの中に、「瞑想」を取り入れよう！

心を整える実践法としておすすめしたいものに、「瞑想」があります。

瞑想にもいろいろな段階がありますが、ここでは「頭に浮かんでくるものを次々に流していく」という方法をお教えします。私が日頃、実践している瞑想法です。


瞑想は、お寺やセミナー会場など特別な場所でなければできないというものではありません。自宅でも、外出先でもどこでもできます。

ただし、条件がひとつだけあります。「話しかけられない状況でおこなう」ということです。

私はよく満員電車の中で瞑想をおこないます。話しかけられることがまずないからです。

「瞑想には静寂が必要」という人も多いのですが、誤解です。いろいろな音が周囲にあっていいのです。

外部の音や周囲の人間の気配《けはい》は邪魔にはなりません。練習のためにはいいくらい。

たとえば、満員電車の中で後ろの人にぐっと背中をおされるとします。一瞬「痛い！」と思いますが、そこを「痛いと感じた。背中をおされたのね」というふうにして流していくのです。

瞑想法その1【基本】

まず、声をかけられない環境を用意します。

※自宅でおこなう場合は、体をしめつけないラクな服装に着替えましょう。

① 気持ちをラクにして座ります。あぐら、正座、椅子に腰掛けるなど。

② 体の中に中心線を意識します。まっすぐ下、地球の中心まで、その線が通っているとイメージします。

③ 鼻から大きく静かに息を吸います。丹田《たんでん》といわれる部分、おへその5センチほど下あたりから息がどんどん入ってくるイメージです。

④ 吸ったときの3倍の長さで静かに息を吐《は》きます。口を細めて、息を吐ききります。

⑤ ③と④を5回から10回、繰り返します。耳に聞こえる音は、「肩から入ってくる」とイメージします。

⑥心の中のザワザワが「沈殿《ちんでん》してくる」とイメージします。

⑦ザワザワが沈殿してきたと感じたら、呼吸についてはもう意識しません。普通どおりの呼吸に戻します。

⑧本格的な瞑想はここから。頭の中にさまざまなことが思い浮かんできますが、それをすべて「流す」というイメージで流して、考えないようにします。

具体的にはこういうことです。

「お腹が空いた」と思い浮かんだら、「お腹が空いたんだな」と気づくまでにとどめて、「何を食べようか」などそれ以上を考えないようにします。

瞑想中は、目を半眼にして少しだけ目を開けます。完全に目を閉じてしまうと眠ってしまうことがあるからです。完全に目を開けたままでもかまいません。

瞑想はこうすべきものという考えを捨てて、①から⑧まで、素直な気持ちで試してみてください。「慣れる」ということが大事です。

瞑想法その2【葉っぱの瞑想】

さて、「流す」というのはどういうことか、イメージがつきにくいかもしれませんね。

そこで、「流す」を実践しやすい「葉っぱの瞑想」をあわせて紹介しておきましょう。

基本の①から⑧までをおこない、落ちついたところで、自分の内側に矢印を向けます。すると、いろいろなことが浮かんできます。

これを「流す」わけですが、葉っぱに乗せて流すイメージをもつと、うまく流せます。

Ⅰ　目の前にきれいな川が流れています。

Ⅱ　そのせせらぎに乗って、葉っぱが流れてきます。

Ⅲ　流れてきた葉っぱに、頭に浮かんだことをひとつ乗せて、流れていくままにします。

頭に浮かんできたことに対して、一つひとつ、これを繰り返します。これが「流す」ということです。

＊

瞑想は、1日に10分程度で十分です。

大切なのは、「習慣化する」ということ。1ヶ月ほど続ければ、「あっ、私のここが変わったな」「気持ちが安定してきたな」とわかってくるものです。

そして、続けていると、何回かに1回は「いい瞑想ができた」と思うときが必ずやってきます。

ちなみに私は、修行を始めて10年以上にもなりますが、〝最高の瞑想〟ができたと思ったのは今までに2回しかありません。

1回目は、修行中の高野山で経験しました。

2回目はなんと、ディズニーランドで経験しました。パレードの場所取りを子どもたちに頼まれたときのこと。一人での場所取りですからヒマです。誰も話しかけてこない状況だったので、瞑想をすることにしました。

音楽や人々の声など、ばんばん入ってきますが、やがて気にならなくなってきます。

幸せな雰囲気《ふんいき》がまわりいっぱいにあったからかもしれません。とても気持ちのいい瞑想ができました。

終章

「人生」を頑張りすぎない

思いどおりにならないのはあたりまえ

——仏教が生まれた理由

どうしたらいちばんラクに、力を抜いて生きていけるのだろう……？

「人生」を考えるとは、そういうことだろうと私は思っています。

世の中にはいろいろな考え方があります。

親の教えや恩師の教え、イエス・キリストの教え、お釈迦さまの教え、本で読んだこと。私は、いいところどりでいいと思っています。都合のいいところだけを、「なるほど」と思って参考にすればいいのです。

私にとって、とてもわかりやすい考え方だったのが「仏教」というものでした。

「仏教はこうして生まれたのだな」とつくづく思った経験があります。

インドを訪れる機会がありました。そのときのお話です。

お釈迦さまが悟りをひらいたブッダガヤというところに行きました。ブッダガヤのあるビハール州はインドで最も貧しい地域とされています。

ほとんどの子どもたちは裸足《はだし》です。着の身着のまま、布を一枚まとうだけの老人たちが道端にぺたぺた座っていました。「あのままヒザを抱えて死んでしまっていても、きっと誰も気にしない」——そんな光景を目の当たりにしました。

私が日本人だとわかると、子どもたちが寄ってきます。いわゆる、物乞《ものご》いです。現地を案内してくれたガイドさんからは、「きりがないよ」と言われました。ガイドブックなどにも「応じてはいけません」と書いてあります。でも、そのとき私は「あげてもいい」と感じ、お金をあげてしまいました。

それを禁止しているのは、「子どもたちにお金をあげても、アイスクリームなどに化《ば》けるだけ。だから、意味はない」という理由からでしょう。

でも、「アイスクリームを食べた」という思い出が子どもたちに残るのなら、そのほうがいいのではないか、と私は考えたのです。

そして私は、インドの子どもたちを見て「運命というものはある」と確信しました。同時に、「頑張っても頑張っても、どうにもならない世界がある」とも思い、ショックを受けました。

インドの貧民街は、努力でどうにかなるような世界ではありません。すべてがすでに決まっていて、そこに生まれて、一生裸足で、やがて死んでいく――。だから、ブッダガヤで仏教が生まれた。**仏教は「すべてを受け入れて生き、おだやかに死んでいく」――そのための考え方**だったのです。

山の高いところに、狭いのですが広場があり、谷が見渡せるようになっていました。お釈迦さまが聴衆に説法をしたとされている場所です。

たくさんの人々が苦労してその山に登り、説法を一生懸命に聴《き》いたそうです。ときには人が多すぎて、狭い広場からあふれ出てしまったとか。あふれ出た人は、山の斜面にしがみついて、お釈迦さまのお話を聴いたといいます。

風がびょうびょう吹いていました。谷の向こうに見えているのは、ただただ荒れた砂漠《さばく》です。本当に、思いどおりにはならない世界です。

「お釈迦さまのお話に、たくさんの人が心の底から救われたのだろう」と、私は思いました……。

*

現在のインドでは、仏教はかつてほどの信仰を集めているわけではありません。現代文明がインドにも入ってきて、頑張ればなんとかなる世の中になったからです。

反対に、古くからの仏教を大事にしている国には、「世界一幸せな国」とも言われるブータンや、タイ、ミャンマーといった国があります。

そういった国々には、どことなく、進歩したり裕福になったりすることだけが幸せではないということを教えてくれる雰囲気があります。

出世やお金もうけのためにしゃかりきに頑張ることが正しいという考え方に、私たちはいつのまにか慣れてしまっています。

それでも私たちは病気や家族の死などを経験し、「世の中にはどうにもならないこともある」ということにいつか気づくのだと思います。

どんどんブレても
かまわない

——「対《たい》機《き》説《せっ》法《ぽう》」と「言《こと》霊《だま》」

「ブレない」ということが今、とてももてはやされるようです。不思議です。「ブレる」と言うと悪く聞こえますが、それは考え方を柔軟に変えていくということでもあります。どこが悪いのでしょうか。

お釈迦さまの言葉をまとめた「お経」には、実は矛盾《むじゅん》もあります。お釈迦さまが、お話の内容を相手によって変えたからです。

もちろん、気まぐれで変えていたわけではありません。お釈迦さまは、相手の職業や年齢、性質、その場の様子から、伝え方を変えてお話をされました。これを「対機説法《たいきせっぽう》」と言います。

状況によって話を変えていく――。それが対機説法です。スピーチが上手な人は、たいていこの対機説法を使っています。

たとえば、会社の部下が運転する自動車に上司が乗り、渋滞《じゅうたい》に巻き込まれたとします。

上司がイライラして「なぜ渋滞する道を選んだんだ！」と部下に文句をつけます。すると、車内の雰囲気はとても悪くなりますね。そのあとの仕事にも悪影響が出るかもしれません。

ところが、上司が見方を変えて、「君とゆっくり話をするいい時間ができた」と伝えたらどうでしょう。ふだんは聞けない仕事やプライベートの悩みなどを、部下が話してくれるかもしれません。

対機説法を使うということは、実は、相手の立場にたってものごとを考えるということです。

そして、ひとつのできごとをいろいろな角度から見ますから、思考の訓練にもなります。

先ほどの上司と部下の例のように、人間関係のトラブル回避《かいひ》にもなります。**ものごとは必ず、いろいろな顔を持っています。どこに注目するかによって、チャンスになったり、トラブルになったりするのです。**

＊

日本人は古くから、「言葉には力がある」と考えてきました。「言霊《ことだま》」です。そして、「いい言葉をつかう」というのは、言霊の考え方からきている素晴らしい習慣のひとつです。

小さい子どもたちと一緒のお母さんたちとお会いすることが多いのですが、こんなことがあります。

たとえば子どもたちが騒いでいるとき、「うるさい！」と叱るのと、「元気いいね！」と声をかけるのとではかなりちがいます。
そのあとで、「静かにね」と注意するのは変わらないにしても、子どもにかける言葉はできるだけいい言葉にしたいもの。

また、駆《か》け回って遊んでいる子どもたちを見て、お母さんたちは「あぶない！転ぶわよ！」と注意します。

すると、子どもたちは本当に転んでしまいます。なぜなら、お母さんたちが術《じゅつ》をかけているからです。

言葉にすることによって、現実に影響を与える――。これが、言霊の力です。

言霊ということをいつも意識していると、人間関係も当然、よくなってきます。対機説法と同じように頭の体操にもなります。

ときどき「死」について考えてみる

――ACP時代の心がまえ

みなさん、自分自身はどのような最期を迎えたいか——、考えたことはありますか?

「痛いのは嫌だな」「意識もない状態になったら、人工呼吸器はつけてほしくないな」「延命治療もして、できるだけ長生きしたいな」など、いろいろな考えがあると思います。

それでは、そのようなご自身の考えを家族と話されたことはあるでしょうか?

前章でも少しお話しさせていただいた「ACP」(アドバンス・ケア・プランニング/終末期ケアの意思決定)=通称「人生会議」が今、話題となっています。

ACPとは……

・患者さん本人と家族が医師などと一緒に、現在の病気だけでなく、意思決定が低下する場合にそなえて、あらかじめ終末期を含めた今後の医療や介護について話し合う

・意思決定ができなくなったときにそなえて、本人に代わって意思決定をする人を決めておく

そのプロセスのことです。

この話し合いは、たとえば入院のたびにごとに繰り返しおこなわれ、そのつど、文書として残します。POLST（ポルスト／生命維持治療に関する医師による指示）と呼ばれるものです。

POLSTは、書式に従って選択のチェックを入れたり、希望を記入していく文書です。

お住まいの地域や医療機関によって書式は違っていて、病院など医療機関の担当医、そして、本人または家族などの代理判断者が署名をして完成します。

インターネットでサンプルが探せますから、一度見ておくといいと思います。

そして、POLSTは公的文書ですから、医療の現場では、そこに書かれてい

るとおりにすることが法律的に正しいということになります。

POLSTをはじめ、ACPの考え方に、私はすこし心配しています。無理強《じ》いにならないでしょうか。

一度決めたことだからと、頑張りすぎてしまう方向にいってしまわないでしょうか。

もちろん、POLSTの内容は途中で変えることができます。

でも、いざとなってから「変更したい」と思っても、かならずしも意思表示ができる状態でいるとは限らないのです。

＊

いざというとき、ご本人には決められない。家族だって決められません。

でも、決めなければいけないというときがかならずやってくる……。

ですから、自分の最期をちょっとだけ考えておくようにしましょう。

そして、「死」についてもときどき考えてみてください。


日常的に考える必要はありません。

たとえば、たまに本書をひらいていただき、「自分の最期はどうなるかなぁ」と考えて、本を閉じたらもう考えない。


将来、「死」というものを考えなくてはならなくなったとき、「そういえば、あのとき少し考えたな」と思えるだけでいいのです。

一度も考えたことがない人より、はるかに、冷静に「死」と向き合えるはずです。

「日記」は読まない。
「日記」を残さない

――〝ホンネ〟はつかい分ける

いざとなったとき、私たちの頭に浮かぶのは「自分が生きていることで、家族に迷惑がかかってしまうのは避《さ》けたい」という想いかもしれません。

そのような状況になったとき、人はなかなか家族に〝ホンネ〟を話せません。スピリチュアルケアの仕事をしているなかで、私はそういう方とお話をすることがあります。

胃ろう（胃から直接栄養を摂取するための医療措置）はつくらず、このまま痛みだけをとっていくことにしよう――と決めた方でも、最終的には「やはり死にたくない。胃ろうをつくったほうがいいかも……」というホンネに出会います。

このようなホンネは、医師や看護師には言えません。なぜなら、彼らは患者からの希望を聞けば、そのようにしなければいけない立場にあるからです。

「では、治療しましょう」「ご家族を説得しましょう」といった流れになってしまいます。

しかし、私は「ご本人はこう思っていますよ」とご家族には伝えません。伝えてはいけない立場だからです。

私が絶対に誰にも言わないのを知っているから、その方もホンネを明かしてくれるのです。誰かにホンネを聞いてもらいたい。でも、ホンネのとおりにしてくれることを望んでいるわけではない。

ご自分の命より、家族の幸せを優先させているのです。


ただ、まれにこういうケースに出会います。

生前に、家族には言えなかったホンネを書き残した「日記」が出てくることがあります。「本当は手術をしたい」「死にたくない」などと書かれた日記を読むのは、家族にとってはとてもつらいこと。

ホンネを家族に伝えないと決めたのであれば、日記にもそのことを書かないほうがいいかもしれません。

また、大切な人がなくなったあと、その方の日記は読まないほうがいいかもしれませんよ。

最期の最期までホンネを言わないのは、家族のことをいちばんに考えているから。

そのホンネを聞いてさしあげるのが、私たちスピリチュアルケア師の役割です。

＊

ここで少し、スピリチュアルケアの仕事についてお話ししたいと思います。

私が代表を務めている「大慈学苑」では、訪問スピリチュアルケアをこころざす人々を育てています。

私たちは、「最期まで住み慣れた家で暮らしたい」「離れて住んでいるひとり暮らしの親が心配」など、介護される方、する方、それぞれの想いを大切に支え、〝地域で元気に生きる〟お手伝いをしています。

住み慣れた家で最期まで穏やかに静かな時間を過ごすためには、体をケアする医療・福祉介護と、もうひとつ「心の奥深いところのケア」（スピリチュアルケア）がどうしても必要です。

話をすることで気持ちや考え方を整理する――、そのお力添えをするのがスピリチュアルケアという仕事です。

自分は、本当はどうしたいのか。こうすべきだと思うけれども、こういう想いもある……ひとりで考えているかぎりは堂々めぐりです。

私たちスピリチュアルケア師は、そのお話の整理をする専門家です。

「病と生きていくのがつらい」「これからどうなるのか不安」「一日が長くて退屈」……、ご家族やお医者さんに言えない悩みがあれば、私たちがお話をお聴きします。

「親のこと。これからどうしたらいいのかわからない」「だんだんと衰えていく姿を見ているのがつらい」「介護や看病で、自分の気持ちをうまくコントロールできない」……私たちがお話をお聴きします。

これからも私たちスピリチュアルケア師は、ご家族や医師たちに言えない悩みや、かんたんには答えを見つけることができない不安に一緒に向き合っていく役目を担《にな》っていきたいと思っております。

「頑張りすぎ」に「悟り」なし

——お釈迦さまの「乳粥《ちちがゆ》」のエピソード

最後に、お釈迦さまの「乳粥《ちちがゆ》」のエピソードをご紹介します。

悟りをひらくまえ、お釈迦さまはとても苦しい修行をしていました。瞑想や坐禅はもちろん、断食《だんじき》をしたり、ときにはいばらの上に坐して自分の身体を傷つけたり……。

それでもなかなか〝答え〟は見つかりません。そして、お釈迦さまはついに修行をやめてしまいます。

「途中でやめるとはなにごとか！　おまえは努力が足りない！」――お釈迦さまは、一緒に修行をしていた人たちから責められました。最後には、仲間はずれにされました。

修行をやめたお釈迦さまは、樹の下に座り、ぼんやりしていました。

そこへ、スジャータという名の娘さんが乳粥をもってやってきます。乳粥は、ちょっと甘い、あたたかい食べ物というか飲み物です。

お釈迦さまにとっては、「ぬくもり」という感じだったと思います。修行の中にはまったくなかったもので、長い間、忘れていたものでもありました……。

このエピソードのポイントはどこにあるのか考えてみましょう。

いろいろな解釈があるのですが、私は「修行をやめずに頑張りすぎていたら、お釈迦さまは死ぬしかなかった」というところにポイントがあると思っています。

当時、たくさんの修行僧が苦行をしすぎて死んでいました。お釈迦さまはそれをやめ、乳粥をもらって生きかえり、私たちの時代に続く大きなものを残したのです。

＊

お釈迦さまが修行を頑張りすぎていたら、仏教は誕生しなかったでしょう。

お釈迦さまの教えは、自分を痛めつけたところから生まれたものではありませ

ん。痛めつけることをやめたからこそ生まれたのです。

もちろんお釈迦さまは、十分に頑張りました。死ぬほど頑張ったと言っていいでしょう。ですが、それでもやはり「頑張りすぎの先には何もなかった」のだと、私は思います。

私がこう言うと、きっと先達《せんだつ》の方々に怒られるでしょう。修行は何のためにあるのか——ということにもなってしまいますから。

そういうことを言いたいわけではありません。お釈迦さまのように、端と端、その両方を知って真ん中に戻ってくるのが大事だということです。

お釈迦さまはシャーキヤという国の王子さまでした。何不自由なく暮らしていました。

ところがある日、自分自身や世の中の人々が「生病老死《しょうびょうろうし》」という〝四苦〟を抱えていることに気がつき、出家したのです。

お釈迦さまは、王宮《おうきゅう》の生活から悟りへとまっすぐに進んだわけではありません。裕福の端っこと、苦行の端っこを知り、真ん中に戻ってきて悟りをひらきました。


私たちは今、お釈迦さまの王子時代にいるような気がします。不自由らしい不自由はありません。そして、「死は遠いところにいる」とみんな思っています。

それはそれでいいでしょう。ただし、突然、悪いほうの端へ追いやられてしまう出来事が人生には起こります。


いいほうの端にしがみつこうと、頑張りすぎてはいけません。

悪いほうの端で我慢しようと、頑張りすぎてはいけません。

私たちは、「真ん中」というものをちゃんともっています。誰もがそれに気づくことができ、そこに戻ってくることができるのです。

おわりに

——無理せず、ほどよく、上手に休む

「人生100年時代」ということが今、テレビや新聞などでさかんに言われています。

2018年の日本人の平均寿命は、女性が87・32歳、男性が81・25歳で、ともに過去最高を更新しました（「厚生労働省」調べ）。

同年の、WHO（世界保健機関）による「世界平均寿命ランキング」では、日本の男女の平均寿命は84・2歳で、第1位。現在、世界一長生きの国となっています。

この100年という一生で、私たちは病気になりたくないと思います。ピンピンコロリで、死ぬまで病気にならずにいられればいいのですが、なかなかそうはいきません。いつかは病気になる確率のほうが高いものです。

おおきな病気にかかってしまうと、私たちは「なぜ、私が……。もう、終わりだ……」と、落ち込んでしまいますね。そのようなときは、お釈迦さまの教えを活用してください。

健康でもいいし、健康でなくてもいい。病気になってもいいし、病気にならなくてもいい――〝あるがまま〟というのが仏教です。

たとえば、「絶対にがんだけはイヤだ」と思っても、ふたりにひとりががんになる時代です。

絶対にイヤだというところから、がんになってしまったらどうでしょう。そこから、心を整えるのはたいへんです。

でも、日ごろから「がんになったらなったでしかたがない」と気楽にとらえていると、いざというときに心の落ち込みが軽減されます。

なるときにはなる。ならないときにはなりません。

ヘビースモーカーで、お酒をがんがん飲んでいる人でも、がんにならない人もいます。すごく健康に気をつけていても、がんになってしまう人もいます。

がんは、医学的に言うと「ツーヒット説」です。ふたつの要素が集まると、がんになりやすいと言われています。

ひとつは、遺伝子的要素。もうひとつは、生活習慣・ストレスです。

肺がんになる人の場合、たとえ肺がんの遺伝子的要素をもっている人でも、それだけでは発症しません。そこにタバコが加わると、がんになる確率は高くなります。反対に、遺伝子的要素のない人は、喫煙してもがんにはなりにくいというわけです。

ふたつそろわないとがんにはならない——。

だからといって、不摂生してもいいというわけではありませんけれど。

＊

私は僧侶となってからというもの、患者さんから「人生相談」も受けるようになりました。

人づき合いや仕事、介護……、相談に耳を傾けていると、疲れきっている人がとても多い。それは、みなさん「誰かのため」に、頑張りすぎているからです。

自分のための利益（自利）より、人のための利益（利他）が美徳とされるからでしょうか。
確かに、利他の看板を掲げている限り、世間の目から攻撃されづらい。でも、仏教では、自利と利他を合わせて「二利《にり》」と呼び、いずれも同様に大事だと説いています。

私たちは、ベクトル（方向）を外側に向けすぎています。自分のための利益（自利）より、人のための利益（利他）、というのはたしかに美しいことかもしれません。
本書のなかでもお話しさせていただいたとおり、自分の心を満たすのが先です。まず、自利があってこそ利他が生き、「二利」がまわるのです。

無理せず、ほどよく、上手に休む——。

頑張りすぎず、心おだやかに過ごしてこそ、私たちの人生です。

この本を読んで、少しでも「心がラクになった」と感じていただければ、これ以上の幸せはありません。

令和2年如月

玉置妙憂

玉置妙憂

たまおき・みょうゆう

看護師。僧侶。スピリチュアルケア師。二児の母。

東京都中野区生まれ。専修大学法学部を卒業後、法律事務所で働きはじめる。
長男が重度のアレルギー症状をもっていたことをきっかけに、「息子専属の看護師になろう」と決意。国立病院機構東京病院の看護学校で学び、看護師、看護教員の免許を取得。看護師として病院で働きはじめる。

その後、看護学校で教鞭をとっている頃、カメラマンだった夫のがんが再発。夫は「がんを積極的に治療しない」という方針をかため、自宅での介護生活をスタート。
最愛の夫を“自然死”で看取ることになるが、その死にざまがあまりに美しかったことから開眼。家族と職場に出家を宣言し、高野山真言宗にて修行をつみ僧侶となる。

現役の看護師として勤めるかたわら、非営利一般社団法人「大慈学苑」を設立し、患者本人や家族、医療と介護に関わる多くの人々の心を穏やかにするべく、院外でのスピリチュアルケア活動に力を注いでいる。

また、子世代が“親の介護と看取り”について学ぶ「養老指南塾」や、“在宅での看取りとスピリチュアルケア”について学ぶ「訪問スピリチュアルケア専門講座」を展開しながら、講演会やシンポジウムの開催を行うなど、幅広く活動する。

著書に、『まずは、あなたのコップを満たしましょう』(飛鳥新社)、『死にゆく人の心に寄りそう』(光文社新書)、『困ったら、やめる。迷ったら、離れる。』(大和出版)などがある。

■ラジオ／ニッポン放送「テレホン人生相談」パーソナリティ

頑張りすぎない練習
無理せず、ほどよく、上手に休む——

2020年3月19日　第1刷発行

著　者　玉置妙憂

発行者　鉄尾周一

発行所　株式会社マガジンハウス
〒104-8003
東京都中央区銀座3-13-10
書籍編集部　☎03-3545-7030
受注センター　☎049-275-1811

印刷・製本所　中央精版印刷株式会社

カバーデザイン／渡邊民人（TYPEFACE）
本文デザイン／清水真理子（TYPEFACE）
図表制作／hachiii（Table Magazines）
編集協力／尾崎克之

ISBN978-4-8387-3088-9 C0295